G.B.S. 하나님 마음에 합한 시리즈 ❷

하나님 마음에 합한 교회

프리셉트성경연구원 편

*서문

프리셉트성경연구원에서는 1982년 이래로 성경연구 전문서적을 편찬해 왔고 목회자들과 교회지도자들을 하나님의 말씀으로 훈련하는 심도 있는 프리셉트성경연구 과정을 개설해 왔습니다.

한편, 프리셉트는 한국 교회를 효과적으로 돕는 다양한 교재를 구역, 셀, 소그룹 그리고 청년부의 조모임을 위해 많이 개발하고 있습니다. 그 종별의 특징은 다음과 같습니다.

Ⅰ. G.B.S. 교재의 종별 특징

1. High G.B.S. 시리즈

평신도 소그룹 중 성경공부를 장기간 진행해 온 분들에게 적합한 교재입니다. 프리셉트성경연구원의 고급 과정(PUP)에서 다루는 내용을 압축하여 정리한 내용으로서, 참여자들이 1시간 정도 예습해 올 수 있을 때에 효과적으로 진행할 수 있는 교재입니다.

2. BEST G.B.S. 시리즈

소그룹 참여자들의 신앙 수준이 다양한 점을 고려하여, 다양한 도입글과 질문을 제시하였습니다. BEST G.B.S.를 쉽고 편하게 진행하기를 원하면, 「더 깊은 연구와 묵상을 위하여」를 생략하고 다룰 수 있습니다.

3. 쉬운 G.B.S. 시리즈

이 교재는 질의응답식 내용을 통해 누구나 예습 없이 현장에서 쉽게 진행할 수 있도록 구성되었습니다.

4. 주제별 G.B.S. 시리즈

이 교재는 성경의 내용을 주제별로 다뤄서 해당 주제에 대해 성경적 세계관을 확립하는 데 큰 도움을 줍니다.

5. 하나님 마음에 합한 시리즈

이 교재는 신앙생활에 관한 16가지 주제를 소그룹용으로 편찬한 교재로서, 쉬운 G.B.S.에 비해 다루는 내용이 넓고 깊습니다.

6. 40분 G.B.S. 시리즈

이 교재는 미국 프리셉트 본부에서 기획된 교재로서, 약 40분 동안 활발한 토의식 성경공부를 진행할 수 있도록 구성된 편리하고 유용한 교재입니다.

7. 성품 G.B.S. 시리즈

이 교재는 성도들이 소그룹에서 끈기 있게 예수님의 성품을 배우도록 편찬되었습니다. 이 시리즈는 감사, 경건 등 성품이란 주제에 대하여 성경 본문을 집중적으로 연구하여 적용하도록 돕는 성품 변화에 통합된 자료입니다.

8. 기타

그 외에 수련회용, 주말 성경학교용, 청소년용, 제자훈련용 등 많은 교재가 준비되어 있습니다.

Ⅱ. 인도자를 위한 안내

1. 시작 시간을 정확히 지키십시오.
2. 성령님께서 말씀의 비밀을 깨우쳐 주시도록 함께 기도하십시오.
3. 성경공부에 들어가기 전, 지난주에 깨달은 말씀을 함께 나누면서 마음을 여는 시간을 가지십시오.
4. 인도자는 「도입 질문」을 던지면서 참여자들의 활발한 토론을 유도해 나가십시오. 질문할 때에는 교재에 주어진 문제에만 국한하지 말고 다른 보충질문들을 준비하여 이끌어 가십시오.
5. 각 문제마다 적절한 시간을 안배하여 중점적으로 다룰 문제는 충분히 토의하고 지엽적인 문제는 간단히 진행하십시오.
6. 각 과를 인도한 후, 다음의 평가항목을 통해 스스로 자기 점검을 하십시오.
7. 인도자로서 좀 더 깊이 성경을 배우고자 하는 분들은 프리셉트 성경연구 과정에 참여하셔서 도움을 받으시기 바랍니다.
   (문의: 02-588-2218)

Ⅲ. 평가항목

1. 보조 질문은 좋았는가?
   명확하고 간략했는가?
   본문에 충실했는가?
   본질적인 문제에 접근했는가?
   깊은 통찰과 적절한 적용을 이끌어 냈는가?
2. 참여자의 발표를 잘 유도하고 격려했는가?
3. 말을 너무 많이 하거나 적게 하지는 않았는가?
4. 준비를 충분히 했는가?
5. 분문에서 벗어난 방향으로 토의가 진행되지는 않았는가?
6. 시간은 잘 지켰는가?

Ⅳ. 본 교재에 대하여

"어떻게 하면 하나님의 마음에 합한 교회를 이룰 수 있을까?" 하는 생각은 현대를 살아가는 많은 그리스도인의 고민일 것입니다. 이러한 고민 속에서 한국 교회의 헌신된 목회자들이 지혜를 모은 결과 이 같은 본서가 나오게 되었습니다. 가치관이 전도된 현실 속에서 한국 교회의 성도들이 하나님의 백성들로서 정체성을 회복하고 거룩한 공동체를 세워 가는 하나님의 마음에 흡족한 성도들이 되길 소망합니다.

본서는 총 12과로 구성되어 있으며, 소그룹(구역, 셀, 제자양육, 각 교육기관)에서 활용할 수 있도록 구성하였습니다. 다루고 있는 주제는 교회와 사회에서 필요한 그리스도인들의 생활과 영성을 중심으로 하여 그리스도인들에게 꼭 필요한 주제들로 다루었습니다.

프리셉트성경연구원
원장 김경섭 목사

* 본서는 2001년 12월 28일 초판 발행되었으며, 금번에 새로운 디자인과 개역개정판으로 새롭게 편집하여 출간하게 되었습니다.

차례

서문 | 2

I부 교회란 무엇인가?

1과 교회의 본질 | 12
2과 교회의 명칭 및 정의 | 19
3과 교회의 속성 | 27
4과 교회의 표지 | 34

II부 교회의 사명

5과 모이는 교회 | 44
6과 가르치는 교회 | 51
7과 역동하는 교회 | 58
8과 흩어지는 교회 | 65

III부 교회의 바람직한 모델 _ 초대교회를 중심으로

9과 부흥하는 교회 _ 예루살렘의 처음 교회 | 74
10과 전도하는 교회 _ 안디옥 교회 | 82
11과 믿는 자의 본이 되는 교회 _ 데살로니가 교회 | 89
12과 칭찬듣는교회_서머나 교회와 빌라델비아 교회 | 96

G.B.S. 하나님 마음에 합한 시리즈_ 차례

시리즈 1 하나님 마음에 합한 생활

1과 신령과 진정으로 드리는 예배 · **2과** 하나님의 책 성경 · **3과** 주님께서 가르치신 기도 · **4과** 하나님께 드리는 진실한 찬양 · **5과** 말씀 묵상과 적용의 생활화 · **6과** 성도의 교제 · **7과** 성경적인 재물관과 헌금 · **8과** 발을 씻기는 섬김 · **9과** 하나님의 마음을 전하는 전도 · **10과** 세계를 품은 그리스도인 · **11과** 세례와 성만찬 · **12과** 건강한 주일성수

시리즈 3 하나님 마음에 합한 사람

1과 믿음있는 사람_아브라함 · **2과** 생각하는 사람_예수님 · **3과** 비전을 품은 사람_여호수아 · **4과** 고난을 함께하는 사람_룻 · **5과** 감동을 주는 사람_다윗 · **6과** 삶의 지경을 넓힌 사람_사도 바울 · **7과** 사랑을 고백한 사람_베드로 · **8과** 정직한 사람_요셉 · **9과** 우선순위를 아는 사람_솔로몬 · **10과** 중심이 변화된 사람_야곱 · **11과** 훈련받은 사람_모세 · **12과** 자신을 아는 사람_요한

시리즈 4 하나님 마음에 합한 사역

I. 가정 사역 · **1과** 그리스도인의 가정 · **2과** 그리스도인의 결혼 · **3과** 그리스도인의 건강 · **4과** 그리스도인의 경제 · **5과** 그리스도인의 문화 · **6과** 그리스도인의 여가 · **II. 사회 생활** · **7과** 그리스도인의 인간관계 · **8과** 그리스도인의 언어 · **9과** 그리스도인의 직장 · **10과** 그리스도인의 구제 · **11과** 그리스도인과 환경 · **12과** 그리스도인의 인격

시리즈 5 하나님 마음에 합한 약속

개요 법을 주신 하나님 · **1과** 제1계명 다른 신들을 네게 두지 말라 · **2과** 제2계명 우상을 만들거나 섬기지 말라 · **3과** 제3계명 여호와의 이름을 망령되게 부르지 말라 · **4과** 제4계명 안식일을 거룩하게 지키라 · **5과** 제5계명 네 부모를 공경하라 · **6과** 제6계명 살인하지 말라 · **7과** 제7계명 간음하지 말라 · **8과** 제8계명 도적질하지 말라 · **9과** 제9계명 거짓 증거하지 말라 · **10과** 제10계명 네 이웃의 집을 탐내지 말라 · **결론** 행함이 있는 믿음 · **인도자 지침**

시리즈 6 하나님 마음에 합한 열매

1과 열매가 있습니까? · **2과** 열매 맺는 힘 · **3과** 사랑 1 · **4과** 사랑 2 · **5과** 희락 · **6과** 화평 · **7과** 오래 참음 · **8과** 자비 · **9과** 양선 · **10과** 충성 · **11과** 온유 · **12과** 절제 · **인도자 지침**

시리즈 8 하나님 마음에 합한 기도

1과 이렇게 기도하라 · **2과** 하늘에 계신(기도의 대상 I) · **3과** 우리 아버지여(기도의 대상 II) · **4과** 이름이 거룩히 여김을 받으시오며 · **5과** 나라이 임하옵시며 · **6과** 뜻이 하늘에서 이룬 것같이 땅에서도 이루어지이다 · **7과** 오늘날 우리에게 일용할 양식을 주옵시고 · **8과** 우리가 우리에게 죄 지은 자를 사하여 준 것같이 · **9과** 우리 죄를 사하여 주옵시고 · **10과** 우리를 시험에 들게 하지 마옵시고 다만 악에서 구하옵소서 · **11과** 나라와 권세와 영광이 아버지께 영원히 있사옵나이다 · **12과** 대개와 아멘

시리즈 9 하나님 마음에 합한 여인

I. **구약의 여인들** · **1과** 리브가_믿음의 대를 이어간 여인 · **2과** 라합_하나님이 예비한 여인 · **3과** 드보라_하나님의 여장부 · **4과** 한나_하나님과의 약속을 지킨 여인 · **5과** 아비가일_지혜로 범죄를 막은 여인 · **6과** 에스더_민족을 사랑한 왕후 · II. **신약의 여인들** · **7과** 마리아_순종과 순명의 여인 · **8과** 사마리아 여인_이방에 처음으로 복음을 전한 여인 · **9과** 막달라 마리아_예수님께 헌신한 여인 · **10과** 세베대 아들들의 어머니_삶의 초점이 바뀐 여인 · **11과** 브리스길라_바울의 동역자가 되었던 여인 · **12과** 로이스와 유니게_신앙을 물려준 어머니

시리즈 11 하나님 마음에 합한 소원

1과 아브라함의 소원 · **2과** 이삭의 소원 · **3과** 삼손의 소원 · **4과** 한나의 소원 · **5과** 다윗의 소원 · **6과** 솔로몬의 소원 · **7과** 엘리야의 소원 · **8과** 야베스의 소원 · **9과** 히스기야의 소원 · **10과** 다니엘의 소원 · **11과** 요나의 소원 · **12과** 바울의 소원

시리즈 12 하나님 마음에 합한 재정

1과 돈이란? · **2과** 신앙과 재물 · **3과** 깨끗한 수입 · **4과** 검소한 생활 · **5과** 재물과 인간관계 · **6과** 구제와 나눔 · **7과** 미래를 준비하는 삶 · **8과** 바른 헌금 · **9과** 십일조 · **10과** 예배와 절기 헌금 · **11과** 특별 헌금 · **12과** 떳떳한 가난, 깨끗한 부자

시리즈 13 하나님 마음에 합한 성령 사역

1과 성령은 누구신가? · **2과** 성령을 받아야 하는가? · **3과** 성령의 구원 사역 · **4과** 보혜사 성령 · **5과** 세상을 향한 성령의 역사 · **6과** 성령의 은사 · **7과** 은사의 활용과 계발 · **8과** 성령의 열매 · **9과** 성령이 내주하는 삶 · **10과** 성령의 대적 · **11과** 성령의 사람들 · **12과** 성령과 교회

시리즈 14 하나님 마음에 합한 중보기도

1과 중보기도란? · **2과** 중보기도자 · **3과** 중보기도 훈련 · **4과** 중보기도 그룹 · **5과** 교회를 위한 중보기도 · **6과** 목회자를 위한 중보기도 · **7과** 선교사와 선교지를 위한 중보기도 · **8과** 이웃을 위한 중보기도 · **9과** 나라와 민족을 위한 중보기도 · **10과** 가정을 위한 중보기도 · **11과** 중보기도의 사람들 · **12과** 중보기도의 삶

시리즈 15 하나님 마음에 합한 전도

1과 전도란? · **2과** 사명으로서의 전도 · **3과** 전도자의 훈련 · **4과** 무엇을 전할 것인가? · **5과** 개인 전도 · **6과** 문턱을 낮추는 전도 · **7과** 그룹 전도 · **8과** 다양한 전도 방법 · **9과** 전도, 그 이후 · **10과** 전도와 중보기도 · **11과** 전도의 장애물 · **12과** 전도와 성령

시리즈 16 하나님 마음에 합한 예배

1과 예배란? · **2과** 예배의 대상 · **3과** 하나님이 찾으시는 예배자 · **4과** 찬양과 경배 · **5과** 기도와 간구 · **6과** 말씀의 선포 · **7과** 헌신의 결단 · **8과** 정성의 예물 · **9과** 성례전 · **10과** 다양한 예배 · **11과** 가정 예배 · **12과** 예배 공동체

1부 교회란 무엇인가?

1과 교회의 본질

2과 교회의 명칭 및 정의

3과 교회의 속성

4과 교회의 표지

1과 교회의 본질

_ 부름받은 자들의 공동체로서의 교회

■ 본문: 사도행전 2:37-41 ■ 요절: 사도행전 2:39 ■ 찬송: 208, 210장
(참고: 2:21, 42-47, 4:32-35; 고전 12:12-27)

37그들이 이 말을 듣고 마음에 찔려 베드로와 다른 사도들에게 물어 이르
되 형제들아 우리가 어찌할꼬 하거늘 38베드로가 이르되 너희가 회개하여
각각 예수 그리스도의 이름으로 세례를 받고 죄 사함을 받으라 그리하면
성령의 선물을 받으리니 **39이 약속은 너희와 너희 자녀와 모든 먼 데 사**
람 곧 주 우리 하나님이 얼마든지 부르시는 자들에게 하신 것이라 하고 40
또 여러 말로 확증하며 권하여 이르되 너희가 이 패역한 세대에서 구원을
받으라 하니 41그 말을 받은 사람들은 세례를 받으매 이 날에 신도의 수가
삼천이나 더하더라

I. 하나님께서 부른 사람들의 모임

본 과에서는 보편적 관점에서의 교회관을 살펴보도록 하겠습니다. 우리가 잘 아는 대로, 루터를 비롯한 종교개혁자들의 교회관은 일반적으로 '부름받은 사람들의 모임'(에클레시아)이라는 명제를 갖고 있습니다. 즉 '그리스도를 믿어 성화되고, 머리 되신 그리스도께 연합된 자들의 회합'(루터)이 교회라는 것입니다. 사도행전에 보면, 그리스도인들은 '주의 이름을 부르는 자'(행 2:21, 9:14, 21, 22:16 등)들로 호칭되는데 이를 근거로 다시 교회의 정의를 내려 본다면, 교회란 '주의 이름을 부르는 부름받은 자들의 모임'(공동체)이라고 할 수 있을 것입니다. 사도 바울도 고린도전서의 서두에서 "하나님의 뜻을 따라 그리스도 예수의 사도로 부르심을 받은 바울과 형제 소스데네는 고린도에 있는 하나님의 교회

곧 그리스도 예수 안에서 거룩하여지고 성도라 부르심을 받은 자들과 또 각처에서 우리의 주 곧 그들과 우리의 주 되신 예수 그리스도의 이름을 부르는 모든 자들에게…"(고전 1:1-2)라고 씀으로써 교회가 부름받은 자들이 모여 주의 이름을 부르는 공동체인 것을 우리에게 알려 주고 있습니다.

정리해 봅시다

교회는 인간의 필요나 편의에 따라 자생적으로 생긴 집단이 아니라 하나님께서 그 성도들을 세상에서 불러내셔서 만드신 것입니다. 따라서 교회는 그리스도의 복음을 만방에 선포할 책임이 있는 '하나님께서 세우신 기관', 즉 **'하나님께서 부르신 사람들의 모임'**입니다.

1. 사도행전 2장에는 베드로의 설교를 듣고 회개하며 새로운 공동체에 들어온 많은 사람의 이야기가 나옵니다. 새로운 공동체에 들어온 사람들을 가리켜 베드로는 무엇이라고 말하고 있습니까?

 이 약속은 너희와 너희 자녀와 모든 먼 데 사람 곧 주 우리 하나님이 얼마든지 (   )에게 하신 것이라 _행 2:39

2. 마태복음에서 베드로의 신앙고백을 보면, 교회는 예수 그리스도께서 세우신 것이라는 분명한 증언이 나옵니다. 베드로는 어떠한 고백을 했습니까?

 또 내가 네게 이르노니 너는 베드로라 내가 이 (   ) 위에 내 (   )를

세우리니 음부의 권세가 이기지 못하리라 _마 16:18

생각하는 이야기

하나님의 교회에는 차별이 없습니다. 하나님께서는 민족, 인종, 성(性), 신분의 차이를 뛰어넘어 모든 사람을 부르십니다(행 2:39). 사도 바울도 로마서에서 구원은 모든 믿는 사람이 받는 것이라고 했습니다. 또한 유대인이나 헬라인이나 할례자나 무할례자나 차별이 없다고 했습니다(롬 3장).

II. 거듭난 공동체

앞서 우리는 하나님께서 부르신 사람들로 구성되었고, 예수 그리스도가 세우신 **'주께서 부른 사람들의 모임'**이라는 교회의 본질에 대해 살펴보았습니다. 여기서는 교회의 또 하나의 본질적인 특징인 공동체성에 대해 알아보겠습니다. 즉, 교회는 부름받은 사람들이 모여서 공동체를 구성하고, 예수 그리스도의 복음 안에서 세례를 받고 성찬에 참여하며 성령의 은사로 새로운 삶을 사는 거듭난 거룩한 무리들의 모임입니다. 이들은 모여서 창조주 하나님을 예배하고, 서로 친교하는 사랑의 공동체를 이룹니다. 즉 하나님을 아바 아버지라 부르고, 형제자매 간에 사랑의 교제를 나누며, 흩어져서 주의 복음을 전하며, 사람들을 구원하고 주님의 뜻을 이 땅 위에서 실현해 가는 사명을 가진 거듭난 공동체입니다.

1. 예루살렘의 처음 교회의 모습은 어떠했습니까?

그들이 (　　　　　　　　　　　　　　)을 받아 (　　　　　　　　　　　　)하고
(　　　　　　　　　　　　　　　　　　　　)를 힘쓰니라 … 날마다 마음을 같이하여 (　　　　　　　　　　　　　　　　) 집에서 떡을 떼며 기쁨과 순전한 마음으로 음식을 먹고 … _행 2:42-47

2. 교회의 공동체적인 성격을 잘 드러내고 있는 본문은 고린도전서 12장입니다.

몸은 (　　　　　　　　) 많은 지체가 있고 … 오직 하나님이 몸을 고르게 하여 부족한 지체에게 귀중함을 더하사 … 너희는 (　　　　　　　　　　　　)이요 지체의 (　　　　　)이라 _고전 12:12-27

3. 혈통의 차이를 뛰어넘어 모든 사람이 예수 그리스도 안에서 하나 되었음을 선언하는 에베소서의 말씀을 기록해 보십시오.

그는 우리의 화평이신지라 둘로 하나를 만드사 원수 된 것 곧 중간에 막힌 담을 자기 육체로 허시고 … 또 십자가로 이 둘을 (　　　　　　)으로 하나님과 화목하게 하려 하심이라 … _엡 2:14-16

III. 하나님 나라의 새로운 모형

교회가 하나님 나라의 모형이란 의미는 교회와 하나님 나라가 동일하다는 의미는 아닙니다. 교회가 하나님 나라는 아닙니다. 단지 교회는 예수 그리스도께서 선포하셨던 그 하나님 나라를 선포하고 닮아가는 공동체입니다. 예수 그리

스도는 하나님 나라를 선포하셨지만, 그 자신이 하나님 나라의 실재(reality)이셨습니다. 우리는 예수 그리스도 안에서 하나님 나라의 실체를 보게 됩니다. 그리고 예수 그리스도께 하나님 나라의 통치권이 있음을 알게 됩니다(행 2:17-21). 우리는 그의 이름을 부름으로(행 2:21) 구원을 얻습니다. 교회는 하나님 나라의 현실, 곧 그리스도의 통치를 선언하고 전파해야 할 공동체로서 하나님 나라를 닮아가야 합니다. 그러나 교회가 그 하나님 나라의 참모습을 보여 주지 못한다면 그 선포는 공허한 외침이 되고 말 것입니다.

때문에 교회는 하나님 나라의 참모습이 무엇인지를 보여 주어야 할 책임이 있습니다. 이런 의미에서 교회는 하나님 나라의 모형이 되어야 하는 것입니다.

1. 누가복음에서 예수 그리스도의 첫 설교에 나타난 하나님 나라의 모습은 어떠합니까?

> 주의 성령이 내게 임하셨으니 이는 가난한 자에게 복음을 전하게 하시려고 내게 기름을 부으시고 나를 보내사 (   )를,
> (   )을 전파하며 (   )
> 주의 은혜의 해를 전파하게 하려 하심이라 하였더라 _눅 4:18-19

2. 하나님 나라의 한 모형으로 예루살렘의 처음 교회의 모습을 기술해 보십시오.

> 믿는 무리가 (   )이 되어 모든 물건을 서로 통용하고 … 사도들이 큰 권능으로 (   )하니 … 그들이 각 사람의
> (   )이라 _행 4:32-35

IV. 적용하기

1. 우리 교회를 하나 되게 하는 데 방해가 되는 요소는 무엇입니까?

2. 여러분은 '부름받은 사람'이라는 분명한 확신이 있습니까?

3. 우리는 예수 그리스도께서 선포하신 하나님 나라의 모습을 통해 교회가 감당해야 할 사명을 발견해 낼 수 있습니다. 현대 사회 속에서 하나님 나라를 지향하는 교회의 모습은 어떠해야 하며, 우리 각자가 해야 할 일은 무엇인지 서로 나눠 봅시다.

메 · 시 · 지

하나님 나라를 선포하고 지향하는 초대교회는 사도의 가르침을 받아 교제와 떡을 떼는 것과 기도하는 일에 힘쓰는 공동체였습니다(행 2:42). 그들은 스스로의 모습을 통해 공동체의 기쁨과 충만한 은혜를 많은 사람에게 보여 주었습니다. 이러한 모습들을 통하여 주님께서는 구원받는 무리들을 그 공동체에 날마다 더하셨습니다(행 2:47, 5:13-14).

사도행전에 증언된 초대교회는 부름받은 무리들의 공동체로 주의 이름을 부르며 모이기를 힘썼고, 온전한 교제의 기능을 다했으며, 하나님 나라의 모형으로 칭찬듣는 교회였습니다.

오늘날, 우리들의 교회는 어떻습니까?

2과 교회의 명칭 및 정의

■ 본문: 로마서 12:3-8 ■ 요절: 로마서 12:5 ■ 찬송: 208, 600장
(참고: 고전 3:16-17, 12:14-27; 엡 5:25-27; 벧전 2:9)

3내게 주신 은혜로 말미암아 너희 각 사람에게 말하노니 마땅히 생각할
그 이상의 생각을 품지 말고 오직 하나님께서 각 사람에게 나누어 주신
믿음의 분량대로 지혜롭게 생각하라 4우리가 한 몸에 많은 지체를 가졌으
나 모든 지체가 같은 기능을 가진 것이 아니니 **5이와 같이 우리 많은 사람
이 그리스도 안에서 한 몸이 되어 서로 지체가 되었느니라** 6우리에게 주
신 은혜대로 받은 은사가 각각 다르니 혹 예언이면 믿음의 분수대로, 7혹
섬기는 일이면 섬기는 일로, 혹 가르치는 자면 가르치는 일로, 8혹 위로하
는 자면 위로하는 일로, 구제하는 자는 성실함으로, 다스리는 자는 부지
런함으로, 긍휼을 베푸는 자는 즐거움으로 할 것이니라

I. 새로운 하나님의 백성

교회는 하나님의 새로운 백성입니다. 바로 이 하나님의 교회는 그리스도를 통하여 부름받은 무리가 모여 새로운 하나님의 백성을 이룹니다. 본래 구약에서는 이스라엘을 하나님의 백성으로 불렀으나 하나님의 백성인 이스라엘은 하나님의 뜻을 이루는 데 실패했음이 드러납니다. 이스라엘의 실패로 하나님께서는 그 복음의 빛을 이방으로 향하게 하셨고, 이를 통해 이스라엘을 다시 구원하려고 하십니다(롬 11:11-16 참조).

정리해 봅시다

교회는 참된 하나님의 백성으로서 모든 민족을 구원으로 인도하고, 이 역사의 종말적 완성의 때에 하나님 나라를 기업으로 받아야 합니다(엡 1:11). 이 새로운 하나님의 백성이란 개념을 사도 바울은 빌립보서에서 다음과 같이 표현하고 있습니다. "우리의 시민권은 하늘에 있는지라 거기로부터 구원하는 자 곧 주 예수 그리스도를 기다리노니"(빌 3:20).

1. 베드로전서 2장에 나오는 새로운 하나님의 백성에 대한 명칭 몇 가지를 적어 보십시오.

그러나 너희는 ( )이요 ( )이요 ( )요 ( )이니 이는 너희를 어두운 데서 불러 내어 그의 기이한 빛에 들어가게 하신 이의 아름다운 덕을 선포하게 하려 하심이라 _벧전 2:9

2. 베드로전서 2:9에서는 하나님께서 우리를 새로운 하나님의 백성으로 부르신 목적이 무엇이라고 말하고 있습니까?

이는 너희를 ( ) 불러 내어 ( )에 들어가게 하신 이의 ( )을 선포하게 하려 하심이라 _벧전 2:9下

생각하는 이야기

본래 하나님의 백성이었던 이스라엘은 우상 숭배와 타락, 음행으로 말미암아 하나님 나라의 백성으로서의 자격을 상실하게 되었습니다(호 1:9). 그러나 하나님께서는 인내로서 자기 백성을 되찾으시며, 그 지위와 자격을 회복시켜 주십니다. 그러므로 이스라엘이 하나님의 백성이 된 것은 전적인 하나님의 은혜입니다. 이와 마찬가지로 오늘날 우리가 하나님의 백성이 된 것도 하나님의 은혜로 말미암은 것입니다. "너희가 전에는 백성이 아니더니 이제는 하나님의 백성이요 전에는 긍휼을 얻지 못하였더니 이제는 긍휼을 얻은 자니라"(벧전 2:10; 롬 9:24-26 참조).

Ⅱ. 그리스도의 몸

사도 바울은 교회를 고린도전서 12:12-31에서 '그리스도의 몸'이라 표현하고, 교회를 세속적인 인간의 모임이나 조직과 구별하였습니다. 곧 교회는 '그리스도의 몸'으로 여러 지체들이 유기적으로 연결되어 있는 특징을 가지고 있습니다.

그리스도의 몸으로서 '새로운 하나님의 백성'인 교회는 세례와 성찬을 통해 그리스도와 한 몸 됨을 경험하게 됩니다.

1. 몸의 비유에 함축된 의미는 팔이나 다리가 몸에서 떨어져 살 수 없듯이 누구나 혼자 떨어져서는 참된 그리스도인이 될 수 없다는 것입니다. 이를 바울은 어떤 비유로 표현하고 있습니까?

몸은 ( )뿐만 아니요 ( ) 만일 발이 이르되 나는 손이 아니니 몸에 붙지 아니하였다 할지라도 이로써 몸에 붙지 아니한 것이 아니요

… 만일 온 몸이 눈이면 듣는 곳은 어디며 온 몸이 듣는 곳이면 냄새 맡는 곳은 어디냐

_고전 12:14-17

2. 바울은 모름지기 교회란 그리스도의 몸으로서 갖가지 은사를 받은 사람들이 유기체적으로 협력하는 기관이라고 말합니다. 로마서 12장에 나타난 바울의 교회관에 대해 살펴보십시오.

우리가 한 몸에 많은 지체를 가졌으나 모든 지체가 같은 기능을 가진 것이 아니니 이와 같이 우리 많은 사람이 그리스도 안에서 (   )이 되어 서로 (   )가 되었느니라

_롬 12:4-5

생각하는 이야기

몸의 비유는 요한복음 15장의 포도나무와 가지의 표상과 유기적으로 연관되어 있습니다(요 15:1-8 참조). 포도나무에서 떨어진 가지가 열매를 맺을 수 없듯이 한 몸을 이루지 못한 지체 또한 그렇습니다. 각 지체는 그리스도와 연합하여 분수를 지키며, 서로를 인정하고 사랑하는 건강한 공동체를 이루어야 합니다.

III. 성령의 전, 그리고 거룩한 백성

교회의 중요한 표상 가운데 하나가 '성령의 전'입니다. 사도 바울은 고린도전서 3장에서 다음과 같이 기록하고 있습니다. "너희가 하나님의 성전인 것과 하

나님의 성령이 너희 안에 계시는 것을 알지 못하느냐 누구든지 하나님의 성전을 더럽히면 하나님이 그 사람을 멸하시리라 하나님의 성전은 거룩하니 너희도 그러하니라"(고전 3:16-17, 이밖에 교회를 성령의 전, 혹 하나님의 성전으로 묘사하고 있는 곳은 고후 6:16; 엡 2:21-22; 벧전 2:5 등이다). 교회를 하나님의 성전으로 묘사한 이면에는 교회를 하나님께서 임재하시는 거룩한 장소로 이해하려는 의도가 포함되어 있습니다.

아울러 교회는 '거룩한 백성'입니다. 이것은 사도신경의 중요한 고백이기도 합니다(…거룩한 공회와…). 베드로전서 2:9에서는 "그러나 너희는 택하신 족속이요 왕 같은 제사장들이요 거룩한 나라요 그의 소유가 된 백성이니 이는 너희를 어두운 데서 불러 내어 그의 기이한 빛에 들어가게 하신 이의 아름다운 덕을 선포하게 하려 하심이라"고 했습니다. 교회가 거룩하다는 것은 교회의 구성원들이나 제도가 거룩하다는 의미가 아닙니다. 사실 교회란 죄인들이 모여 있는 곳이기에 불완전합니다. 그러나 주 앞에 나와 의롭다 하심을 입은 사람들이 모였기에 교회는 의로운 곳이기도 합니다. 하지만 무엇보다도 교회가 거룩한 백성인 것은 성령이 임재하신 전이요, 거룩한 그리스도의 몸이기 때문입니다. 교회는 세상의 그 어떤 공동체와도 구별된, 예수 그리스도가 세우신 것으로 하나님께 드려진 독특한 목적을 수행하는 공동체이기 때문에 '성령의 전'과 '거룩한 백성'이 되는 것입니다.

1. 교회를 하나님의 성전, 혹은 성령의 전으로 부르는 이유는 무엇입니까?

너희가 (   )과 (   )을

알지 못하느냐 누구든지 하나님의 성전을 더럽히면 하나님이 그 사람을 멸하시리라

하나님의 성전은 거룩하니 너희도 그러하니라 _고전 3:16-17

2. 사도신경의 고백 중에는 '거룩한 공회'를 믿는다는 고백이 들어있습니다. 교회가 거룩하다고 하는 구체적인 의미는 무엇입니까?

그러나 너희는 ( )이요 왕 같은 ( )들이요 거룩한 ( )요 그의 소유가 된 ( )이니 이는 너희를 어두운 데서 불러 내어 그의 기이한 빛에 들어가게 하신 이의 아름다운 덕을 선포하게 하려 하심이라 _벧전 2:9

생각하는 이야기

일부 사람들은 교회를 여타 세속적 집단과 구분하지 않고 일개 사회단체 중의 하나로 취급하는 경향이 있습니다. 우리는 교회가 세속적인 집단과는 그 설립 동기와 목적이 분명히 다른 '거룩한 공회'임을 알아야 합니다. 그러기 위해서는 우리 자신들이 성령의 전인 거룩한 교회의 일원답게 삶 속에서 거룩성을 드러내야 할 것입니다.
"너희는 거룩하라 이는 나 여호와 너희 하나님이 거룩함이니라"(레 19:2下).
"그들로 너희 착한 행실을 보고 하늘에 계신 너희 아버지께 영광을 돌리게 하라"(마 5:16下).

IV. 적용하기

1. 하나님의 백성인 교회와 세속 기관의 차이점은 무엇입니까?

2. 우리들은 각기 받은 다양한 은사를 그리스도의 몸인 교회의 일치를 위해 섬기며 사용하고 있습니까? 교회의 일치를 위해 마땅히 우리가 해야 할 일들을 나눠 봅시다.

3. 거룩한 삶이란 무엇입니까? 우리가 그러한 거룩한 삶을 살아야 할 이유에 대해서 이야기해 봅시다(고전 6:19-20).

메 · 시 · 지

치프리아노와 어거스틴과 같은 교부들은 "만일 우리가 교회를 어머니로 모시지 않는다면, 하나님도 아버지로 모실 수 없다"라고 했습니다. 칼빈도 같은 의미의 말을 했습니다. 즉, 그는 교회의 어머니다운 돌봄에 대해 강조했습니다. 물론 구약의 성전 개념과는 다르지만 현존하는 지상교회는 성령이 임재하여 계시는 거룩한 공동체입니다. 비록 죄인들이 모여 공동체를 이루었으므로 부족과 허물도 많지만, 교회는 새로운 하나님의 백성, 그리스도의 몸, 성령의 전, 그리고 거룩한 백성으로서의 정체성을 갖고 하나님의 뜻을 이 땅 위에 실현하는 데 최선을 다해야 합니다. 교회의 구성원들이 책임을 갖고 거룩한 교회가 더욱 빛나도록 스스로를 구별하여 거룩한 삶을 살도록 노력해야 합니다.

그리스도께서는 당신의 교회를 위해 자신을 주시기까지 사랑하셨습니다. 즉 교회를 이 땅 위에서 거룩하고 흠 없게 하시려고 예수님께서 십자가를 지셨다는 말씀입니다(엡 5:25-27 참조).

본 과에서 강조하고 싶은 것은 교회의 공동체성에 관련된 주제입니다. 초대교회부터 교회 내의 분열 조짐은 늘 있어왔습니다. 바울서신에 보면 사도 바울도 분열 위기에 처해 있는 교회를 염려하여 각 지체가 서로 관용하고 용납함으로 하나를 이룰 것을 강조하고 있습니다. 그것을 우리는 고린도 교회에서도 찾아볼 수 있는데(고전 1:10-17 참조) 그 교회는 각각 바울파, 아볼로파, 게바파로 나누어져 분열과 분쟁을 일삼았습니다. 사도 바울은 교회 공동체를 분열시키는 자를 일컬어 '그리스도를 나누는 자'라고 했습니다. 우리 모두는 그리스도의 이름으로 세례를 받았고, 교회는 그리스도의 십자가와 부활에 근거하여 세워졌으므로 결코 나누어져서는 안 됩니다.

마태복음 18:19-20을 보면, 공동체가 합심(合心)할 때 비록 두세 사람이 모여도 주님께서는 함께하겠다고 말씀하셨습니다. 우리는 일치를 이루어낼 수 있어야 합니다. 따라서 우리는 주께서 영원히 우리 안에 현존하시도록 기도하며 노력해야 합니다.

3과 교회의 속성

■ 본문: 에베소서 2:19-22, 4:4-6 ■ 요절: 에베소서 2:20 ■ 찬송: 550장
(참고: 고전 9:19-23, 12:12-31; 갈 3:27-29)

19그러므로 이제부터 너희는 외인도 아니요 나그네도 아니요 오직 성도들
과 동일한 시민이요 하나님의 권속이라 **20너희는 사도들과 선지자들의 터
위에 세우심을 입은 자라 그리스도 예수께서 친히 모퉁잇돌이 되셨느니라**
21그의 안에서 건물마다 서로 연결하여 주 안에서 성전이 되어 가고 22너
희도 성령 안에서 하나님이 거하실 처소가 되기 위하여 그리스도 예수 안
에서 함께 지어져 가느니라

4몸이 하나요 성령도 한 분이시니 이와 같이 너희가 부르심의 한 소망 안
에서 부르심을 받았느니라 5주도 한 분이시요 믿음도 하나요 세례도 하나
요 6하나님도 한 분이시니 곧 만유의 아버지시라 만유 위에 계시고 만유
를 통일하시고 만유 가운데 계시도다

I. 하나의 교회 - 교회의 단일성(엡 4:4-6)

전 세계 교회는 하나입니다. 이는 숫자적인 의미에서 하나라는 뜻이 아닙니다. 교회 기구나 조직, 혹은 제도의 일치를 의미하는 것도 아닙니다. 교회가 하나라는 의미는 몸도 하나요 성령도 하나요, 그리고 주도 하나요, 믿음도 하나요 세례도 하나인 **교회의 내적, 영적 일체성을 말하는 것**입니다(엡 4:4-6). 곧 한 분이신 하나님께서 만방의 다양한 성도를 하나님의 백성으로 모으시고, 성령으로 그들을 하나 되게 하셨다는 고백입니다. 이것이 교회의 하나 됨의 바른 뜻입

니다.

전 세계의 모든 성도는 그리스도의 몸을 이루어 그 머리 되신 예수 그리스도의 통치 아래 하나가 됩니다. 이 단일성 속에서 모든 성도는 하나의 신앙을 가지며, 사랑으로 굳게 결속하여 하나님 나라의 기업을 이을 영광스러운 존재로서 미래에 대한 소망을 품습니다. 그리고 함께 예배하며 우리 모두가 그리스도 안에서 한 지체를 이룬 형제와 자매임을 고백합니다.

1. 전 세계 교회가 그리스도의 다스림과 성령의 능력 아래 하나임을 고백할 때, 우리는 지역주의와 교파주의에 빠질 수 없습니다. 그렇다면, 교회가 하나 된 근거는 무엇입니까?

몸이 (　　　　　)요 성령도 (　　　　　)이시니 … 주도 (　　　　　)이시요 믿음도 (　　　　　)요 세례도 (　　　　　)요 … _엡 4:4-6

2. 사도 바울은 유대인이나 헬라인이나 종이나 자유자나 다 무엇으로 한 몸이 되었다고 했습니까? 우리는 그리스도 안에서 한 몸을 이룬 공동체임을 인정하고 있습니까?

우리가 유대인이나 헬라인이나 종이나 자유인이나 다 한 성령으로 세례를 받아 한 몸이 되었고 … 만일 한 지체가 고통을 받으면 모든 지체가 함께 고통을 받고 한 지체가 영광을 얻으면 모든 지체가 함께 즐거워하느니라 너희는 그리스도의 몸이요 지체의 각 부분이라 _고전 12:13-27

II. 보편적 교회

보편적이란 말은 '전체를 지향하는', '모든 것을 포괄하는'이란 뜻입니다. 교회가 보편적이라는 말은 교회가 어느 특정 민족이나 인종, 계급, 혹은 신분이나 계층의 관심에 묶여 있지 않고, 이 모든 것을 초월한 전체 교회가 된다는 의미입니다. 그것은 하나님의 피조물에 대한 관심이 보편적이라는 데서 출발합니다. 또한 이것은 보편성을 해치는 그 어떤 의도와 획책 가운데서도 교회는 그 자신의 보편성을 지켜야 함을 뜻합니다.

사도 바울은 "누구든지 그리스도와 합하기 위하여 세례를 받은 자는 그리스도로 옷 입었느니라 너희는 유대인이나 헬라인이나 종이나 자유인이나 남자나 여자나 다 그리스도 예수 안에서 하나"(갈 3:27-28)라고 말씀하고 있습니다.

사도 바울은 이어서 "그리스도의 것이면 곧 아브라함의 자손이요 약속대로 유업을 이을 자"(갈 3:29)라고 말하면서, 아브라함의 자손으로 약속의 유업을 이을 자는 어느 특정 민족이나 계층적 한계를 초월하여 그리스도께 속한 자라면 누구나 자격이 있음을 역설하고 있습니다.

> 교회가 그 자신의 중요한 속성인 보편성을 유지하기 위해서는, 힘없고 억울하고 착취와 고통당하는 피조물들과 함께 더불어 사는 세상을 위해 끊임없는 관심이 있어야 합니다. 또한 하나님 나라와 교회의 보편성을 위협하는 그 어떠한 의도와도 타협하지 않고 싸워 나가는 공동체가 되어야 합니다.

1. 누가복음에 보면, 나사렛에 등장하신 예수님께서는 당신의 첫 설교를 통하여 그를 매개로 이루어질 새로운 세상의 보편성을 찾으려는 의도를 보이셨습니

다. 예수님께서 이사야의 글을 읽으시면서 하신 말씀은 무엇입니까?

주의 성령이 내게 임하셨으니 이는 가난한 자에게 복음을 전하게 하시려고 내게 기름을 부으시고 나를 보내사 포로 된 자에게 (　　　　)를, 눈 먼 자에게 다시 보게 함을 (　　　　)하며 눌린 자를 (　　　　) 하고 주의 은혜의 해를 (　　　　) 하게 하려 하심이라 _눅 4:18-19

2. 갈라디아서를 보면, 보편적 교회를 위한 사도 바울의 역설을 들을 수 있습니다. 바울의 호소에서 보듯이 바울이 꿈꾼 그리스도의 세계는 어떤 모습입니까?

너희가 다 믿음으로 말미암아 그리스도 예수 안에서 하나님의 아들이 되었으니 누구든지 (　　　　　　　　　　)는 그리스도로 옷 입었느니라 너희는 유대인이나 헬라인이나 종이나 자유인이나 남자나 여자나 다 (　　　　　　　　)이니라 너희가 (　　　　　　)이면 곧 아브라함의 자손이요 약속대로 유업을 이을 자니라 _갈 3:26-29

3. 바울은 다양한 민족과 신분을 가진 사람들을 차별 없이 끌어들여 보편성을 지향하는 공동체를 이루려고 했습니다. 바울의 노력의 한 단면을 엿볼 수 있는 성경 구절을 찾아보십시오.

유대인들에게 내가 (　　　　)과 같이 된 것은 (　　　　)을 얻고자 함이요 … 약한 자들에게 내가 (　　　　) 같이 된 것은 (　　　　)을 얻고자 함이요 내가 여러 사람에게 (　　　　　　　)은 아무쪼록 몇 사람이라도

구원하고자 함이니 내가 복음을 위하여 모든 것을 행함은 복음에 참여하고자 함이라

_고전 9:20-23

III. 사도적 교회

'사도적'이란 뜻은 예수 그리스도의 삶과 고난과 부활의 목격자요 증언자로서 사도들의 선포와 사명을 교회가 계승한다는 뜻입니다. 그러므로 교회는 사도들과 연속성을 가집니다. 교회는 사도들의 증언과 가르침 위에 존재합니다.

교회는 사도적 전통과 연관을 맺을 때에 바른 진리의 터 위에 존속할 수 있습니다. 그것은 예수 그리스도에 대한 증언이 사도들로부터 유래되었기 때문입니다. 사도들의 증언 없이 우리는 예수 그리스도의 삶과 모든 행적(십자가의 부활, 승천)을 알 수가 없습니다. 그러므로 교회는 그들의 증언(복음서, 바울서신 등)과 고백(사도신경) 위에 서 있는 것이며, 오늘날 그것을 계승하여 그들이 증언했던 메시야 되신 예수 그리스도의 고난과 부활을 증거하며 하나님 나라의 기쁜 소식을 전해야 합니다. 교회는 사도적 전통 위에 서 있으면서 그 정당성과 연속성을 확보하게 됩니다. 현대 교회가 사도적 교회인지 아닌지를 분별할 수 있는 기준이 여기에 있습니다. 곧 사도들의 증언을 존중하고 계승하면서 세상을 향해 기쁜 소식을 전하도록 부름받았다는 사실을 인정하고, 사도들처럼 세상을 위해 세상 속으로 복음을 들고 들어가서 그것을 위해 헌신하고 있다면, 그 교회는 정통성 있는 사도적 교회로서 충분한 자격이 있는 것입니다.

1. 사도 바울은 새로운 공동체인 교회를 건물에 비유하고 있는데, 이 건물의 터와 모퉁잇돌이 무엇이라고 증언하고 있습니까?

너희는 (　　　　　　　　　　)과 (　　　　　　　　　　)의 터 위에 세우심을 입은 자라 (　　　　　　　　　　　　　　　　) 친히 모퉁잇돌이 되셨느니라 _엡 2:20

2. 교회가 사도적이란 의미는 무엇입니까?

그런즉 이스라엘 (　　　　　　　　　) 확실히 알지니 너희가 십자가에 못 박은 이 예수를 하나님이 주와 그리스도가 되게 하셨느니라 하니라 _행 2:36

다른 이로써는 구원을 받을 수 없나니 (　　　　　　　　　　　　　　) 구원을 받을 만한 다른 이름을 우리에게 주신 일이 없음이라 하였더라 _행 4:12

IV. 적용하기

1. 이제는 무시할 수 없을 정도로 많은 숫자로 불어난 조선족이나 외국인 노동자들에 대한 우리 사회의 잘못된 태도를 반성해 보고, 교회가 그들을 위해 무엇을 해야 할지를 함께 토론해 봅시다.

2. 은사는 교회의 덕을 세우기 위해 주께서 각 성도들에게 다양하게 주신 선물입니다. 우리는 받은 은사를 교회의 하나 됨을 위하여 사용하고 있습니까? 우리 교회가 사도적 연관성과 정당성을 어떤 근거에 의하여 확보하고 있는지를 생각해 봅시다.

메 · 시 · 지

교회의 특징은 교회를 교회답게 하는 요소입니다. 그것은 교회의 하나됨(단일성)과 보편성, 그리고 사도성이란 명제로 요약할 수 있습니다. 우리가 교회를 그리스도의 몸으로 고백할 때 우리는 당연히 교회의 하나됨을 고백하게 됩니다. 우리 모두는 그리스도의 몸을 이루는 다양한 지체로서, 주님께서 주신 각양각색의 은사들을 활용하여 더욱 교회의 일치를 위해 노력해야 합니다. 그것은 서로의 은사를 존중하고 합력할 때 가능합니다.

또한 우리가 교회의 보편성을 인정할 때, 이 땅 위의 교회를 교회답게 할 수 있습니다. 우리는 오직 그리스도 앞에 평등합니다. 그를 주로 고백하는 한, 민족적 · 인종적 · 계급적 차이를 뛰어넘어 구원이 차별 없이 주어집니다. 이 같은 교회의 보편성을 고백할 때, 우리의 교회는 더욱 빛날 것입니다.

마지막으로 교회의 사도성을 고백하지 않고서는 지상교회를 제대로 세울 수 없습니다. 사도적 전통에 따른 증언과 고백, 그리고 사명은 현대 교회의 정통성과 연속성을 확보해 줍니다. 이것을 상실할 때, 교회는 그 근거를 잃어버리고 표류하게 되고 말 것입니다.

4과 교회의 표지

■ 본문: 마태복음 28:18–20 ■ 요절: 마태복음 28:19 ■ 찬송: 505, 510장
(참고: 막 10:45; 눅 22:26–27; 행 4:20, 17:24–27)

18예수께서 나아와 말씀하여 이르시되 하늘과 땅의 모든 권세를 내게 주
셨으니 **19그러므로 너희는 가서 모든 민족을 제자로 삼아 아버지와 아들
과 성령의 이름으로 세례를 베풀고** 20내가 너희에게 분부한 모든 것을 가
르쳐 지키게 하라 볼지어다 내가 세상 끝날까지 너희와 항상 함께 있으리
라 하시니라

I. 말씀의 선포와 성례전의 바른 집행, 그리고 권징

초대교회 당시 이단의 등장과 교회의 분열은 교회의 참된 표지를 요구하게 되었습니다. 전통적으로 교회의 참된 표지로는 우리가 앞서 살펴본 대로(3과) 교회의 단일성, 보편성, 사도성 등을 들 수 있습니다. 그러나 종교개혁 이후에는 이런 외적인 표지보다 말씀의 선포와 성례전의 바른 집행, 그리고 권징(혹은 교회의 규율) 등이 교회의 더욱 중요한 표지로 인식되었습니다.

이처럼 교회의 표지는 그 시대적 상황에 따라 강조점이 변화되어 왔습니다. 현대의 학자들은 많은 경우 참된 교회의 표지로서 하나님 나라와의 관련성을 이야기합니다.

곧 하나님 나라를 위한 교회의 노력과 추구가 현대교회의 참된 표지라는 것입니다. 이것은 예수 그리스도의 처음 선포인 하나님 나라와의 관련 속에서, 현대교회가 해야 할 일이 무엇인지를 지시합니다. 왜냐하면 교회는 하나님 나라를

선포했던 예수 그리스도에 근거하고 있기 때문입니다. **하나님 나라와의 관련성 속에서 참된 교회의 표지**를 세 가지로 압축해 보겠습니다.

정리해 봅시다

먼저 말씀의 올바른 선포와 성례전의 바른 집행, 그리고 권징으로서의 표지에 대해 간략하게 살펴봅니다. 이들 표지는 교회가 간직해 온 전통적인 모든 표지를 함축하고 있습니다. 그러므로 시대가 변한다 해도 이들 표지의 중요성을 현대교회가 소홀히 여길 수는 없습니다. 이들 표지야말로 교회를 교회 되게 하는 가장 중요한 요소입니다. 우리는 말씀의 선포 없는 교회를 상상할 수 없으며, 성례전 없는 교회를 생각할 수 없습니다. 권징 또한 교회의 질서와 규율을 위해서 필요합니다. 다음의 성경 구절이 이들 표지의 중요성을 말해 줍니다.

1) 말씀 선포와 세례 _ "그러므로 너희는 가서 모든 민족을 제자로 삼아 아버지와 아들과 성령의 이름으로 세례를 베풀고 내가 너희에게 분부한 모든 것을 가르쳐 지키게 하라 …"(마 28:19-20).
2) 말씀 선포 _ "우리는 보고 들은 것을 말하지 아니할 수 없다"(행 4:20).
3) 성찬 _ "떡이 하나요 많은 우리가 한 몸이니 이는 우리가 다 한 떡에 참여함이라"(고전 10:17).
4) 권징 _ "밖에 있는 사람들은 하나님이 심판하시려니와 이 악한 사람은 너희 중에서 내쫓으라"(고전 5:13).
"하나님은 무질서의 하나님이 아니시요 오직 화평의 하나님이시니라", "모든 것을 품위 있게 하고 질서 있게 하라"(고전 14:33, 40).

1. 교회의 첫째가는 사명은 무엇입니까? 이것은 교회를 교회답게 하는 중요한 표지입니다. 아래 성구를 참고하십시오.

내가 너희에게 분부한 모든 것을 (   ) _마 28:20上

… 우리가 너희에게 전한 복음 외에 (   ) 전하면 저주를 받을지어다 _갈 1:8

2. 성례전은 전통적으로 교회의 중요한 표지로 인식되어 왔습니다. 관련 성구를 통해 세례와 성찬의 중요성이 무엇인지를 이야기해 봅시다.

그러므로 너희는 가서 모든 민족을 제자로 삼아 아버지와 아들과 성령의 이름으로 (   )를 베풀고 _마 28:19

그들이 먹을 때에 예수께서 떡을 가지사 축복하시고 떼어 제자들에게 주시며 이르시되 받으라 이것은 (   )이니라 하시고 또 잔을 가지사 감사 기도 하시고 그들에게 주시니 다 이를 마시매 … _막 14:22-24

떡이 하나요 많은 우리가 한 몸이니 이는 우리가 다 (   )에 참여함이라 _고전 10:17

3. 교회의 권징 혹은 규율이 필요한 이유는 무엇입니까?

하나님은 (   )이 아니시요 오직 화평의 하나님이시니라 _고전 14:33

모든 것을 품위 있게 하고 (   ) 있게 하라 _고전 14:40

II. 보편적 교회의 실현으로서의 표식 (민족, 인종, 계층, 장애인 등의 차별 철폐. 이와 더불어 모든 생명의 가치와 피조물들의 평화를 추구하는 노력)

우리는 앞서(3과) 교회의 속성을 공부하면서 교회의 보편성에 대해 살펴보았습니다. 교회가 보편성을 갖지 못한다면 교회는 한낱 특정한 민족 혹은 계급, 지역에 머무는 제한된 공간을 가질 수밖에 없습니다. 교회가 보편적이기 때문에 교회는 모든 민족과 계급과 신분, 그리고 성(性)을 초월하여 그 구원의 기능을 다하게 됩니다. 사도행전을 보면 복음이 어떻게 이방인에게까지 전파되었으며, 교회가 특정한 지역이나 민족이 아닌 전 세계적이고 우주적인 보편성을 띠게 되었는지에 대한 증언이 펼쳐지고 있습니다. 교회는 보편적일 때 참 교회가 됩니다. 그러므로 교회는 모든 종류의 억압적, 차별적 이데올로기와 제도에 저항합니다. 아울러 모든 생명의 가치를 존중하며 피조물들의 평화를 위해 노력합니다. 이것이 하나님 나라를 지향하는 교회의 정당한 표지입니다. 예수 그리스도는 유대 지역뿐만 아니라 이방 지역도 선교의 대상으로 삼으셨으며, 남자뿐만 아니라 여자들도 아브라함의 자녀로, 곧 구원받을 대상으로 존중하셨습니다. 아울러 예수님은 가난하고 멸시받는 계층의 사람들의 친구가 되어 주셔서 그들의 희망이 되셨습니다(막 5; 눅 8:1-3, 10:38-42; 눅 7:34 등). 사도 바울도 유대인이나 헬라인이나 차별 없는 구원, 곧 예수 그리스도를 믿는 믿음으로 얻는 구원을 선포했으며 모든 피조물의 궁극적인 구원과 해방을 증거하고 있습니다(롬 3:22-31, 8:19-23 참조).

1. 예수님께서 이방 지역에서 선교하셨다는 사실은 구원의 범위가 어느 특정 지역이나 민족에 한정되는 것이 아니라, 그 지평의 무한한 확대를 예시해 준다고 할 수 있습니다. 이방 지역에서 있었던 몇 가지 사건을 말해보십시오.

성구	사건 내용
막 5:1-20	거라사에서 귀신 들린 사람을 치유하심
막 6:53-56	
막 7:24-30	
막 8:1-9	

2. 사도 바울은 유대인이나 헬라인이나 어느 누구에게도 차별 없는 구원을 역설하였는데, 그렇다면 유일한 구원의 근거는 무엇입니까?

곧 예수 그리스도를 믿음으로 말미암아 (   )에게 미치는 하나님의 의니 (   )이 없느니라 _롬 3:22

유대인이나 헬라인이나 (   )이 없음이라 (   ) 주께서 (   )의 주가 되사 그를 부르는 모든 사람에게 부요하시도다 (   ) 주의 이름을 부르는 자는 구원을 받으리라 _롬 10:12-13

3. 사도행전에 보면, 사도 바울이 2차 선교 여행 중 아덴에 들러 아레오바고 광장에서 아덴 시민들에게 하나님의 보편성, 곧 세계적이고 우주적인 하나님의

능력에 대하여 설교하는 장면이 나옵니다. 바울은 여기서 보편적 하나님의 실재를 어떻게 묘사하고 있습니까?

인류의 (   )을 (   )으로 만드사 온 땅에 살게 하시고 그들의 연대를 정하시며 거주의 경계를 한정하셨으니 _행 17:26

생각하는 이야기

보편적 교회의 실현은 현대교회의 표지 중 대단히 중요하게 드러나는 것입니다. 그것은 차별적 억압과 편견으로 인한 몰이해와 갈등이 첨예화되고 있는 현실에서는 더욱 그 중요성이 부각된다고 하겠습니다. 교회가 있음으로 이 땅의 모든 억압과 갈등이 해소되고, 모든 민족과 계층이 차별없이 어우러질 수 있다면, 하나님 나라를 지향하는 교회는 그 사명을 충분히 다하고 있다고 할 수 있을 것입니다. 교회는 무한한 하나님의 사랑을 이웃에 전하고, 제한없는 그리스도의 구원의 능력을 만방에 전하는 데 최선을 다해야 합니다.

III. 지배를 포기하고 섬김의 도를 통한 내적 일치 추구로서의 표지

서로 섬김으로써 하나님 나라를 실현하는 것은 일찍이 예수 그리스도의 모범에서 찾아볼 수 있습니다. "인자가 온 것은 섬김을 받으려 함이 아니라 도리어 섬기려 하고 자기 목숨을 많은 사람의 대속물로 주려 함이니라"(막 10:45). "내가 주와 또는 선생이 되어 너희 발을 씻었으니 너희도 서로 발을 씻어 주는 것이 옳으니라 내가 너희에게 행한 것 같이 너희도 행하게 하려 하여 본을 보였노라"(요 13:14-15).

교회는 이 같은 예수 그리스도의 섬김과 사랑의 실천의 장이 되어야 합니다. 서로 돌보고 격려하면서 내적 일치를 이룰 때 교회의 교회다움은 완성됩니다. 마태복음에도 예수 그리스도께서는 "… 두 사람이 땅에서 합심하여 무엇이든지 구하면 … 이루게 하시리라 두세 사람이 내 이름으로 모인 곳에는 나도 그들 중에 있느니라"고 말씀하시면서 '땅에서의 합심'이 곧 임마누엘('나도 그들 중에 있느니라')의 조건임을 분명히 하고 계십니다(마 18:19-20). '합심'은 자신을 낮추며 서로 섬기려 할 때 이끌어 낼 수 있습니다. 상대방의 의견을 존중하고 때로는 양보하면서 일치를 위한 자기희생적 노력을 아끼지 않을 때, 예수 그리스도의 현존의 장이 되며, 교회다운 표지를 명백히 드러낼 수 있는 것입니다.

1. 하나님 나라는 섬김으로 이루는 나라입니다. 본문에서 예수 그리스도가 철저한 섬김의 도를 실천하고 계신 이유는 무엇입니까?

   인자가 온 것은 (   )을 받으려 함이 아니라 도리어 (   ) 하고 자기 목숨을 많은 사람의 대속물로 주려 함이니라 _막 10:45

   내가 주와 또는 선생이 되어 (   ) 너희도 서로 발을 씻어 주는 것이 옳으니라 내가 너희에게 행한 것 같이 너희도 행하게 하려 하여 (   )을 보였노라 _요 13:14-15

2. 누가 크냐 하는 문제로 다투는 제자들에게 하신 예수님의 말씀은 무엇입니까?

··· 너희 중에 큰 자는 젊은 자와 같고 다스리는 자는 섬기는 자와 같을지니라 앉아서 먹는 자가 크냐 섬기는 자가 크냐 앉아서 먹는 자가 아니냐 그러나 (   ) 로 너희 중에 있노라 _눅 22:26-27

IV. 적용하기

1. 말씀의 선포는 매우 중요합니다. 여러분은 지난 주일의 설교 말씀을 기억하고 있습니까? 그 설교 말씀은 여러분의 생활(한 주간)에 어떠한 영향을 주었습니까?

2. 차별 없고 제한 없는 그리스도의 사랑을 나타내는 것은 쉽지 않습니다. 주위에 소외된 사람들은 누구입니까? 당신이 그들을 위해 할 수 있는 일은 무엇입니까?

3. 교회가 섬김으로 이루는 하나님 나라를 구하지 않을 때, 그 표지는 사라지게 됩니다. 각 개인들 또한 교회라고 할 수 있습니다. 따라서 섬김으로 하나님 나라를 구해야 합니다. 가정, 교회, 이웃을 어떻게 섬기고 있는지 구체적으로 나눠 봅시다. 그리고 그 가운데 하나님 나라를 이루고 있는지에 대해서도 나눠 봅시다.

메 · 시 · 지

본래 교회가 하나일 때는 표지가 특별히 중요하지 않았습니다. 그러나 교회 안팎으로 대적자들의 등장과 이단 등의 출현은 참 교회와 거짓 교회의 구분을 필요로 하게 되었고, 여기에 참 교회의 기준이 되는 여러 가지 표지들이 등장하게 되었습니다. 우리가 앞에서 공부한 참 교회의 표지는 우리의 교회를 교회답게 하는 데 필수적인 요소입니다. 우리는 각 표지들을 이해할 뿐만 아니라, 참 교회 곧 하나님께서 세우신 그리스도의 몸인 교회의 교회다움을 위해 기도하고 수고해야 합니다. 특히 현대의 물질 문명과 첨단과학의 시대에 직면한 오늘날의 교회는 그리스도의 기쁜 소식이 여전히 이 시대에도 유일한 구원의 방편이요, 증거임을 증언하고 물질 문명 속에서 더욱 소외되어 가는 메마른 영혼들에게 하나님 나라의 빛으로서 희망을 보여 주어야 할 책임이 있습니다.

이 시대에 교회가 그 표지를 상실하고 빛을 잃는다면, 우리의 미래는 더욱 어두울 수밖에 없습니다. 우리의 교회가 이 시대의 어둠을 비추고 희망을 주는 공동체가 되도록 기도하며 더욱 노력하는 모두가 되어야 하겠습니다.

II부 교회의 사명

5과 모이는 교회

6과 가르치는 교회

7과 역동하는 교회

8과 흩어지는 교회

5과 모이는 교회

■ 본문: 사도행전 1:12-15 ■ 요절: 사도행전 1:14 ■ 찬송: 528, 220장

12제자들이 감람원이라 하는 산으로부터 예루살렘에 돌아오니 이 산은 예
루살렘에서 가까워 안식일에 가기 알맞은 길이라 13들어가 그들이 유하는
다락방으로 올라가니 베드로, 요한, 야고보, 안드레와 빌립, 도마와 바돌
로매, 마태와 및 알패오의 아들 야고보, 셀롯인 시몬, 야고보의 아들 유다
가 다 거기 있어 **14여자들과 예수의 어머니 마리아와 예수의 아우들과 더
불어 마음을 같이하여 오로지 기도에 힘쓰더라** 15모인 무리의 수가 약 백
이십 명이나 되더라 그 때에 베드로가 그 형제들 가운데 일어서서 이르되

I. 약속을 실천한 사람들

예수님의 제자들을 보면 꼭 청개구리 같다는 생각을 하게 됩니다.

예수님은 십자가에 달리시기 전까지 얼마나 오랫동안 제자들을 가르치셨습니까? 또 앞으로 벌어질 일들에 대해서는 얼마나 확실하게 말씀하셨습니까? 예수님은 세 번씩이나 당신께서 십자가의 수난과 부활의 일이 일어날 것을 예언하셨습니다(마 16:21, 17:22-23, 20:17-19). 베드로는 예수님의 말씀에 흥분하며 뭐라고 말했습니까? 그는 "주여 그리 마옵소서 이 일이 결코 주께 미치지 아니하리이다"(마 16:22)라고 장담했습니다. 그러나 십자가 밑에서 예수님의 죽음을 지킨 사람은 아무도 없었습니다. 예수님께서 "나를 따라오라 내가 너희를 사람을 낚는 어부가 되게 하리라"(마 4:19)고 말씀하셨음에도 불구하고, 제자들은 다시금 고기 잡는 어부로 돌아갔습니다. 그러나 예수님께서는 갈릴리로 그

들을 찾아가셨습니다. 왜 제자들을 찾아가셨을까요? 사명을 맡기시기 위해서였습니다. 예수님은 옛날로 돌아간 실패한 제자들을 부르셨습니다. 그리고 "내 어린 양을 먹이라"(요 21:15)고 부탁하셨습니다. 여기서 우리는 먼저 예수님의 사랑에 대해 생각해야 합니다. 때로는 우리가 주님을 배반하고, 서운하게 해 드린다고 할지라도 주님께서는 우리를 먼저 찾아오십니다. 그리고 다시금 우리에게 사명을 맡기십니다.

자, 이제 제자들은 어떻게 되었습니까?

1. 예수님께서는 부활하신 이후에 제자들을 만나셨습니다. 만나서 하신 일은 무엇입니까?

그가 고난 받으신 후에 또한 그들에게 확실한 많은 증거로 친히 살아 계심을 나타내사 사십 일 동안 그들에게 보이시며 ( )을 말씀하시니라 _행 1:3

2. 예수님의 말씀을 들은 제자들은 예수님께서 승천하시기 전에 한 가지 말씀을 듣게 됩니다. 그 말씀은 무엇입니까?

사도와 함께 모이사 그들에게 분부하여 이르시되 예루살렘을 떠나지 말고 내게서 들은 바 아버지께서 ( )하신 것을 기다리라 _행 1:4

3. 여기서 주님의 '약속'은 구체적으로 무엇을 의미합니까?

요한은 물로 세례를 베풀었으나 너희는 몇 날이 못되어 ( )으로 세례를 받으리라 하셨느니라 _행 1:5

생각하는 이야기

약속은 두 사람이 하는 것입니다. 혼자 약속하는 것은 다짐입니다. 약속이 깨어지는 것은 한 사람이 약속을 이행하지 못했기 때문입니다. 그러나 약속이 여전히 유효한 것은 약속을 붙잡고 있는 한 사람이 있기 때문입니다.

4. 제자들은 주님의 약속을 받기 위해, 모이기에 힘쓰는 것과 더불어 무엇을 했습니까?

여자들과 예수의 어머니 마리아와 예수의 아우들과 더불어 마음을 같이하여 오로지 (　　　　)에 힘쓰더라 _행 1:14

II. 모이는 교회를 통해

예수님의 제자들은 이번에는 주님의 약속을 믿고 모였습니다. 그들이 모인 곳은 '다락'이었습니다. 그들은 예수님께서 돌아가실 때에는 두려움에 모두 숨었습니다. 그러한 제자들이 이번에는 왜 다락에 모였을까요? 두려움 때문이었을까요? 아닙니다. 제자들이 다락에 모인 것은 기도하기 위해서였습니다. 철저히 함께 모여 기도했습니다. 기도가 약속하신 성령을 받는 지름길이었기 때문입니다.

그들의 기도는 '마음을 같이' 하는 기도였습니다. 이제는 가룟 유다와 같이 마음이 갈린 제자들도 없었습니다. 모두가 한마음이 되어 하나 된 기도를 드렸습니다. 기도보다 우선되는 것은 없었습니다. 다른 일은 접어 두고 기도에 전념했습니다.

제자들은 기도하면서 가룟 유다의 배신으로 말미암아 결원이 된 열두 사도 중 한 명을 다시 뽑기를 원했습니다. 베드로는 유다가 어떻게 끝까지 주님의 제자가 되지 못했는지에 대해 경과 보고를 합니다. 이것은 같은 제자로서 매우 부끄러운 고백의 설교였습니다. 그러나 그들은 그 부끄러움을 감추길 원하지 않았습니다. 분명하게 알기를 원했습니다. 공표하기를 원했습니다. 그 이유는 그와 같은 사실이 성경의 말씀이 이룬 것이었기 때문입니다. 또한 그 사실을 통해 주님을 향한 신앙이 더욱 굳어지기를 간절히 소원하는 마음이 있었기 때문입니다.

베드로는 이어서 유다를 대신할 사도를 뽑게 됩니다. 이 일은 초대교회의 뼈대를 세우는 매우 중요한 일이었습니다. 열두 사도를 완전히 세우는 일은 온전한 교회의 발판을 마련하는 일이었기 때문입니다. 이 과정을 통해 깊이 알 수 있는 것이 있습니다. 곧 교회는 단순히 모이는 것에서 그치는 곳이 아니라는 사실입니다.

1. 가룟 유다를 대신할 사도를 뽑을 때 기준이 있었습니다. 두 가지 기준은 무엇이었습니까?

항상 우리와 (　　　　　　　　　　) 중에 하나를 세워 우리와 더불어 (　　　　　　　　　　)이 되게 하여야 하리라 하거늘 _행 1:22

2. 이 기준에 천거된 사람은 누구입니까?

그들이 두 사람을 내세우니 하나는 (　　　　　)라고도 하고 별명은 유스도라고 하는 (　　　　)이요 하나는 (　　　　)라 _행 1:23

3. 합당한 사람을 뽑기 위해 초대교회 성도들이 한 일은 무엇입니까?

그들이 (　　　　)하여 이르되 뭇 사람의 마음을 아시는 주여 이 두 사람 중에 누가 주님께 택하신 바 되어 _행 1:24

4. 뽑혀진 사람이 해야 할 일은 무엇이었습니까?

(　　　　)와 및 (　　　　　　　　)를 대신할 자인지를 보이시옵소서 유다는 이 직무를 버리고 제 곳으로 갔나이다 하고 _행 1:25

5. 합당하게 뽑혀진 사람은 누구입니까? 그는 이제 열두 사도 중에 하나가 되었고, 가룟 유다보다도 뛰어난 사람이 되었습니다.

제비 뽑아 (　　　　　　　)를 얻으니 그가 열한 사도의 수에 들어가니라 _행 1:26

Ⅲ. 적용하기

1. 제자들의 모습을 보면서 믿는 자의 첫 번째 의무, 은혜 받는 첫 번째 조건이 무엇이라고 생각합니까? 여러분은 이처럼 말씀을 따라 잘 모이고 있습니까?

생각하는 이야기

말 한 마리는 보통 2톤의 무게를 끌 수 있다고 합니다. 그러나 두 마리의 말이 함께 끌면 무려 23톤이라는 어마어마한 무게를 끈다고 합니다. 이것은 혼자서 끌 때보다 무려 열 배 이상의 능력을 발휘하는 것입니다. 이처럼 성도들 또한 모이기에 힘쓰고 힘을 합한다면, 놀라운 성령의 능력을 체험하고 주님의 영광을 나타낼 수 있습니다.

2. 성도로서 첫 번째 해야 할 일은 잘 모이는 것입니다. 그 이후에 우리는 주님의 일들을 의논합니다. 그러나 때로 우리의 모임이 너무나 사람의 생각대로 움직일 때가 많습니다. 교회의 모임, 교회의 일을 해 나가는 방법은 세상과는 달라야 합니다. 주님께서 원하시는 일과 방법이 되기 위해 우리의 모임은 어떻게 달라져야 할까요? 구체적인 방법을 말해 봅시다.

메 · 시 · 지

미국에서 새소망교회를 이끌었던 데일 갤로웨이 목사님께서 이런 이야기를 들려주신 일이 있습니다. "새로운 성도들이 들어오는 것을 원치 않는 교인이 4명밖에 남지 않는 어떤 교회가 있었다. 왜 그들은 새로운 성도가 들어오는 것을 원치 않았을까? 그 이유는 교회 앞 뜰에 남아 있는 묘지 자리가 4개밖에 없었기 때문이다. 그들은 새신자를 자기의 묘지

자리를 노리는 침입자로 여겼던 것이다."

살아 있는 교회는 사람들이 모인다는 특징이 있습니다. 또한 모이기를 간구합니다. 초대교회의 성도들은 제자들이 주축이 되어 있었습니다. 그들은 예수님의 약속을 기억했습니다. "아버지께서 약속하신 것을 기다리라"(행 1:4). 그리고 그 약속을 실천했습니다. 그들은 우선 모였습니다. 모여서 열심히 기도했습니다.

기도의 내용은 무엇이었습니까? 그것은 성령의 강림을 간구하는 것이었고, 그 결과 성령의 강림으로 교회를 세울 수 있었습니다.

뿐만 아니라, 교회를 세우는 데 있어 그 기초가 되는 사도를 세우는 일에 있어서도 기도했습니다. 여기서 우리는 교회 모임의 모범적인 모습을 보게 됩니다. 모여서 기도하고, 일을 행하는 데 있어서도 기도하는 것입니다. 어떤 교회에서는 모임을 활성화하기 위해 운동하기, 레크리에이션, 회식하기 등의 다양한 방법을 통해 모이기를 간구하는 것을 보았습니다. 처음에는 사람들이 흥미를 갖고 모였지만 점점 모이는 숫자가 줄어들었습니다. 인위적인 방법보다 중요한 것은 원리를 발견하는 것입니다. 세상과 다른 우리들의 모임은 성령께서 주관하실 때에 뜨겁게 타오를 수 있습니다.

성령께서 잘 모이게 해 주실 것을 간구하고 모여서 하나님의 뜻대로 모든 일이 이루어지기를 구할 때, 하나님의 역사는 일어납니다. 오늘날, 부흥하는 교회는 모두 이러한 초대교회의 모습을 닮아 있습니다.

6과 가르치는 교회

■ 본문: 디모데전서 4:6-16 ■ 요절: 디모데전서 4:7 ■ 찬송: 453장

6네가 이것으로 형제를 깨우치면 그리스도 예수의 좋은 일꾼이 되어 믿음
의 말씀과 네가 따르는 좋은 교훈으로 양육을 받으리라 **7망령되고 허탄한
신화를 버리고 경건에 이르도록 네 자신을 연단하라** 8육체의 연단은 약간
의 유익이 있으나 경건은 범사에 유익하니 금생과 내생에 약속이 있느니
라 9미쁘다 이 말이여 모든 사람들이 받을 만하도다 10이를 위하여 우리가
수고하고 힘쓰는 것은 우리 소망을 살아 계신 하나님께 둠이니 곧 모든
사람 특히 믿는 자들의 구주시라 11너는 이것들을 명하고 가르치라 12누
구든지 네 연소함을 업신여기지 못하게 하고 오직 말과 행실과 사랑과 믿
음과 정절에 있어서 믿는 자에게 본이 되어 13내가 이를 때까지 읽는 것과
권하는 것과 가르치는 것에 전념하라 14네 속에 있는 은사 곧 장로의 회에
서 안수 받을 때에 예언을 통하여 받은 것을 가볍게 여기지 말며 15이 모
든 일에 전심 전력하여 너의 성숙함을 모든 사람에게 나타나게 하라 16네
가 네 자신과 가르침을 살펴 이 일을 계속하라 이것을 행함으로 네 자신
과 네게 듣는 자를 구원하리라

I. 예수님의 가르치심

예수님께서 우리에게 부탁하신 일은 많습니다. 예배를 잘 드리는 일, 서로 사랑하는 일, 복음을 전하는 일 등등 … 이 모든 일은 저절로 이루어지지 않습니다.

예수님께서 제자들을 "사람을 낚는 어부가 되게 하리라"(마 4:19)고 부르셨지만, 제자들이 제자로서의 역할을 감당하기까지는 많은 시간이 걸렸습니다. 제

자들이 하루아침에 출중한 사도들로 변화된 것은 아닙니다.

예수님께서는 제자들과 몇 년을 함께하셨습니까? 공생애 기간인 3년입니다. 예수님께서는 메시야로서 당신의 활동을 펴신 3년의 기간 동안 많은 시간을 할애하여 제자들을 훈련시키시고 양육하셨습니다. 예수님의 가르침을 살펴보면 일반 무리를 향해 하신 말씀도 있지만, 상당 부분이 훈련받던 제자들을 향한 것임을 알 수 있습니다. 즉 3년 과정의 제자훈련학교, 예수대학의 과정을 병행하신 것입니다.

제자훈련을 시키셨던 예수님은 다양한 상황, 다양한 방법을 이용하셨습니다. 삶의 전 영역에서 믿음의 사람이 해야 할 일을 알게 하셨습니다. 그렇다면, 예수님은 어떻게 제자들을 훈련시키셨을까요?

1. 예수님의 가르침은 무엇으로 시작됩니까? 마태복음 5-7장의 말씀은 일명 '산상수훈', '산상보훈'이라고 불립니다. 그런데 이 말씀은 제자들을 위해 특별히 준비된 말씀이었습니다. 예수님의 말씀이 이 땅의 말씀과 다른 이유는 무엇입니까?

심령이 가난한 자는 복이 있나니 (　　　　　)이 그들의 것임이요 _마 5:3

오직 너희를 위하여 보물을 (　　　　　)에 쌓아 두라 거기는 좀이나 동록이 해하지 못하며 도둑이 구멍을 뚫지도 못하고 도둑질도 못하느니라 _마 6:20

2. 주님의 가르치심은 땅의 것이 아니었습니다. 하늘의 것이었습니다. 예수님께서는 제자들에게 우선순위를 정할 때 가장 중요한 것이 무엇이라고 가르치셨

습니까?

너희는 먼저 그의 (　　　　　　)와 그의 (　　　)를 구하라 그리하면 이 모든 것을 너희에게 더하시리라 _마 6:33

3. 마태복음 17:14-20에는 간질병에 걸린 아이를 예수님께서 고쳐 주시는 사건이 나옵니다. 이 사건은 단순히 한 사람을 고치시는 이적뿐만 아니라 제자들을 훈련시키시는 과정이기도 합니다. 아이를 고쳐 주시고 나서 예수님은 훈련의 핵심이 무엇인지 말씀하십니다. 훈련의 핵심은 무엇을 강하게 하는 것이었습니까?

이르시되 너희 (　　　　　　)이 작은 까닭이니라 진실로 너희에게 이르노니 만일 너희에게 (　　　　　　)이 겨자씨 한 알 만큼만 있어도 이 산을 명하여 여기서 저기로 옮겨지라 하면 옮겨질 것이요 또 너희가 못할 것이 없으리라 _마 17:20

4. 예수님께서는 말씀으로만 가르치시지 않았습니다. 마가복음 6:7-9을 읽어 보십시오. 예수님께서는 제자들을 어떻게 훈련시키십니까? 그 이유는 무엇이라고 생각합니까?

열두 제자를 부르사 둘씩 둘씩 보내시며 더러운 귀신을 제어하는 (　　　　　　)을 주시고 명하시되 여행을 위하여 지팡이 외에는 양식이나 배낭이나 전대의 돈이나 아무 것도 (　　　　　　　　) 신만 신고 두 벌 옷도 입지 말라 하시고 _막 6:7-9

생각하는 이야기

> 레나 마리아라는 스웨덴의 복음가수가 있습니다. 그녀는 두 팔이 없고, 왼쪽 다리도 없습니다. 오른쪽 다리만이 정상입니다. 그럼에도 불구하고 수영도, 피아노 연주도, 자동차 운전도 손수합니다. 그 이유는 믿음의 부모가 7전 8기의 도전정신으로 그녀를 훈련시켰기 때문입니다.
> 예수님께서는 우리도 그와 같이 훈련받기를 원하십니다. 세상을 능히 감당할 수 있는 강력한 군사로 말입니다.

Ⅱ. 가르침의 공동체를!

초대교회가 세워졌을 때, 사도들이 부지런히 한 일은 가르치는 일이었습니다. 이것은 예수님의 방법과 교훈을 실천한 것입니다. 초대교회의 생활을 생생히 기록한 사도행전 2장을 보면 "그들이 사도의 가르침을 받아 서로 교제하고 떡을 떼며 오로지 기도하기를 힘쓰니라"(행 2:42)고 기록하고 있습니다. 그들은 모였습니다. 기도했습니다. 친교를 나누었습니다. 그리고 그 중심에는 '사도의 가르침'이 있었습니다.

사도 바울은 디모데를 세우고 나서 그가 젊다는 이유로 인해 염려를 했습니다. 신실하고 실력은 있었지만 단지 나이 때문에 그가 무시당할 것만 같았기 때문입니다. 그래서 "누구든지 네 연소함을 업신여기지 못하게 하고"(딤전 4:12)라고 당부했습니다. 그러나 바울은 그렇게 크게 염려하지는 않았습니다. 목회자로 세워졌다는 것은 하나님께서 "예수의 좋은 일꾼"(딤전 4:6)으로 삼으신 것이라는 사실을 알고 있었기 때문입니다. 즉, 하나님께서 세우시는 것이지 사람으로 말미암은 것이 아니라는 사실을 알았던 것입니다. 또한 사도 바울은 디모데가 잘 훈련받은 사람인 것을 알고 있었습니다. '외조모 로이스와 어머니 유니게'(딤후 1:5)에게서 받은 신앙의 유산이 있었기 때문입니다. 그럼에도 바울이 거듭 강조하는 것이 있었습니다.

1. 오늘 본문 말씀 디모데전서 4:6-16에서 강조하는 말씀은 무엇입니까? 11, 13, 16절에 동일한 단어로 나와 있습니다.

너는 이것들을 명하고 ( ) _딤전 4:11

내가 이를 때까지 읽는 것과 권하는 것과 ( ) 것에 전념하라_딤전 4:13

네가 네 자신과 ( ) 이 일을 계속하라 _딤전 4:16

2. 제대로 된 가르침을 받으려면 훈련에 임하는 사람이 기본적으로 갖추어야 할 태도가 있습니다. 그것은 먼저 훈련에 방해되는 것들을 버리는 일입니다. 무엇을 버려야 합니까?

( )를 버리고 경건에 이르도록 네 자신을 연단하라_딤전 4:7

3. 우리가 가르치는 데 수고하고 진력(盡力)하는 이유는 무엇입니까? 우리의 소망은 무엇이기에 가르침에 열심을 내야 합니까?

이를 위하여 우리가 수고하고 힘쓰는 것은 우리 소망을 ( )
둠이니 곧 모든 사람 특히 믿는 자들의 구주시라 _딤전 4:10

생각하는 이야기

레나 마리아는 모든 것이 힘들었습니다. 심지어 옷을 혼자 입는 것도, 입으로 옷을 집어 벽에 거는 모든 일을 오른쪽 다리 하나로 해결해야 했습니다. 부모는 안타까운 마음이 있었지만 절대로 도와주지 않았습니다. 처음에는 너무나 힘들었지만 그녀는 결국 해냈습니다. 부모의 가르침을 알았기 때문에 비슷한 상황을 만나도 굳은 의지로 모든 일을 감당해 냈습니다. 좋은 제자는 매번 가르침을 받는 것이 아니라 한 번 배운 것을 끝까지 잊어버리지 않는 사람입니다.

Ⅲ. 적용하기

1. 제자들은 먼저 훈련받았습니다. 여러분은 지금까지 어떤 신앙의 훈련을 받아오셨습니까? 또 어떤 신앙의 훈련 태도를 가져야 합니까?

2. 제대로 쓰임받기 위해서 더 훈련받아야 되겠다고 생각한 때는 언제입니까? 값진 훈련을 위해 방해되는 요소는 무엇이며 또 이것을 이길 방법은 무엇입니까?

메 · 시 · 지

새들백교회를 담임하고 있는 릭 워렌 목사님은 초기에 사역을 함에 있어서 교회를 세우는 과정에서 많은 실패를 겪었지만, 오늘날 그 교회는 크게 성장하는 교회가 되었습니다. 새들백교회의 사역 핵심에 자리 잡은 것은 '평생 개발 과정'이라는 성경공부입니다. 이것은 마치 야구 경기장의 베이스들처럼 1루에서 2루로, 2루에서 3루로, 3루에서 홈으로 들어오는 4단계의 구조를 가지고 있습니다. 릭 워렌 목사님은 다음과 같은 고백을 하였습니다. "만일 저에게 교회를 처음부터 다시 시작하라면, 5명의 무보수자들을 뽑는 일부터 시작하겠습니다. 그분들은 찬양 책임자, 그리고 1단계에서 4단계까지 성경공부를 책임질 사역자들입니다."

새들백교회의 성경공부가 특별한 성경공부라고 말하기는 어렵습니다. 그러나 중요한 것은 가르치는 데 열심이었다는 것입니다. 즉 예수님의 원리를, 사도 바울의 원리를, 성경의 원리를 잘 적용하여 교회에 실천하였다는 것입니다. 릭 워렌 목사님은 "누가 무엇을 하느냐가 아니라, 어떻게 계속할 수 있느냐에 성패가 달려 있다"라고 말합니다.

예수님께서 가르치기를 원하셨던 사실을 기억하면서 우리의 목표가 세상에 있는 '약간의 유익'(딤전 4:8)이 아니라, '금생과 내생에 약속'(딤전 4:8)과 '살아 계신 하나님'(딤전 4:10)께 두는 것임을 명심한다면 '믿음의 성숙함'(딤전 4:15)을 나타낸 교회로 우뚝 설 것입니다.

7과 역동하는 교회

■ 본문: 사도행전 6:1-7 ■ 요절: 사도행전 6:7 ■ 찬송: 502, 505장

1그 때에 제자가 더 많아졌는데 헬라파 유대인들이 자기의 과부들이 매일
의 구제에 빠지므로 히브리파 사람을 원망하니 2열두 사도가 모든 제자를
불러 이르되 우리가 하나님의 말씀을 제쳐 놓고 접대를 일삼는 것이 마땅
하지 아니하니 3형제들아 너희 가운데서 성령과 지혜가 충만하여 칭찬 받
는 사람 일곱을 택하라 우리가 이 일을 그들에게 맡기고 4우리는 오로지
기도하는 일과 말씀 사역에 힘쓰리라 하니 5온 무리가 이 말을 기뻐하여
믿음과 성령이 충만한 사람 스데반과 또 빌립과 브로고로와 니가노르와
디몬과 바메나와 유대교에 입교했던 안디옥 사람 니골라를 택하여 6사도
들 앞에 세우니 사도들이 기도하고 그들에게 안수하니라 **7하나님의 말씀
이 점점 왕성하여 예루살렘에 있는 제자의 수가 더 심히 많아지고 허다한
제사장의 무리도 이 도에 복종하니라**

I. 초대교회에서 발생한 문제

주님의 뜻대로 세워진 교회는 발전을 거듭했습니다. 모이기에 힘썼고 가르치기를 쉬지 않았기 때문입니다. 하나님의 교회의 특징은 바로 성장하는 것입니다. 사도행전 2:47에 보면 "주께서 구원 받는 사람을 날마다 더하게 하시니라"고 하였습니다. 살아 있는 나무가 점점 자라듯이, 살아 있는 공동체인 교회도 자라나게 되어 있습니다. 그러나 사람이 모이면 문제가 발생합니다. 이런 점에 있어서 초대교회 또한 예외는 아니었습니다.

오늘 본문은 많은 사람이 모이게 된 초대교회의 첫 번째 문제였습니다. 이 문제란 계속해서 유대 땅에 살았던 히브리파 그리스도인들과 유대 밖에서 살았지만 여러 가지 이유로 다시 유대 땅으로 돌아온 헬라파 그리스도인들 사이에서 벌어진 다툼이었습니다. 헬라파 그리스도인들은 노년에 거룩한 땅에 묻히고자 하는 염원을 가지고 돌아왔습니다. 재산도 친척도 없는 사람들이 많았고, 부유하지도 않고 남편이 사망하여 마땅히 의지할 곳이 없어 교회를 찾아온 미망인도 많았습니다.

당시 예루살렘 교회는 많은 사람이 재산을 교회에 헌납하여 공동생활과 가난한 사람들을 구제하는 활동을 하고 있었습니다. 재산의 대부분은 누가 헌납하였을까요? 히브리파 유대인들이었습니다. 때문에 구제 활동에 있어 공평성이 부족했던 것 같습니다. 아무래도 많이 낸 사람들 편에 관심이 갔을 것이고, 예루살렘 교회의 주축은 히브리파 사람들이었기 때문에 팔이 안으로 굽을 수 있었던 것입니다.

그런데 초대교회는 이 문제를 어떻게 처리했습니까?

1. 이 문제를 처리함에 있어서 주축이 되었던 사람들은 누구입니까? 그리고 그들이 맺은 결론은 무엇입니까?

> (   )가 모든 제자를 불러 이르되 우리가 하나님의 말씀을 제쳐 놓고 접대를 일삼는 것이 마땅하지 아니하니 _행 6:2

2. 그 결과로 일곱 집사를 택하게 되었습니다. 이 일곱 집사는 히브리파 사람들 중에서 뽑았습니까, 아니면 헬라파 사람들 가운데서 뽑았습니까?

형제들아 (   ) 가운데서   _행 6:3上

3. 3절의 말씀에서 '너희'는 헬라파 사람들을 말합니다. 히브리파 사람들이 예루살렘 교회의 주축을 이루고 있었지만, 그들은 기득권을 양보하게 됩니다. 그러면 일곱 집사를 택한 기준은 무엇이었습니까?

형제들아 너희 가운데서 (   )과 (   )가 충만하여 칭찬 받는 사람 일곱을 택하라 우리가 이 일을 그들에게 맡기고   _행 6:3

4. 대접하는 일은 집사들에게 맡기고 사도들은 무엇을 하길 원했습니까?

우리는 오로지 (   )하는 일과 (   ) 사역에 힘쓰리라 하니   _행 6:4

생각하는 이야기

'지혜의 왕' 하면 떠오르는 사람이 솔로몬입니다. 그의 지혜가 유명해진 계기 중의 하나는 한 아이를 사이에 두고 싸웠던 두 어머니 중에 누가 진짜 어머니인가 하는 것을 정확히 판단해 낸 사건 때문이었습니다. 솔로몬의 지혜는 사람의 생각으로 된 것이 아닙니다. 하나님 앞에 일천 번제를 드린 응답의 결과였습니다. 문제 해결은 하늘로부터 올 때 명쾌해집니다.

Ⅱ. 힘찬 약동을!

문제는 있었습니다. 그러나 초대교회는 문제를 극복하는 아름다운 신앙인의 모습을 보여 주었습니다. 해결에 있어 더욱 아름다웠던 것은 먼저 있었던 성도들이 양보하는 아름다움을 발휘했기 때문입니다. 히브리파 사람들은 먼저 있었고 더 많이 헌납한 사람들이었습니다. 하지만 그들은 그것으로 인해 자신들의 몫을 요구하거나 헬라파 사람들의 의견을 묵살하지 않았습니다.

이 분열은 오늘날의 교회로 따지자면, 설립 당사자들과 신입 성도들 간에 일어난 문제라고 말할 수 있습니다. 이러한 상황에서 먼저 된 성도들이 후속으로 들어온 성도들을 넉넉히 받아 주었습니다. 그들에게 있어 중요한 것은 교회에서 자신의 분량을 더 많이 차지하는 것이 아니라, 주님께서 원하시는 해결의 방법이었습니다. 하나님의 교회는 하나가 되어야 합니다. "주도 한 분이시요 믿음도 하나요 세례도 하나요 하나님도 한 분"(엡 4:5-6上)이시기 때문입니다. 이단은 분리합니다. 사탄은 나누어 놓으려고 합니다. 그러나 성령은 하나 되게 하십니다. 이것이 교회를 향한 하나님의 뜻이고, 그 뜻을 초대교회 성도들은 깨닫고 있었습니다.

문제를 극복하면서 초대교회는 새로운 일꾼을 얻게 됩니다. 새로운 조직이 탄생하였습니다. 바로 집사들을 세운 것입니다. 새로운 일꾼들로 인해서 교회는 어떤 모습을 갖추게 되었습니까?

1. 교회가 분열된 마음을 극복하고 새로운 일꾼들을 세워 나갔을 때 어떤 일이 일어났습니까?

하나님의 (   )하여 예루살렘에 있는 제자의 수가 더 (   ) 허다한 제사장의 무리도 이 도에 (   )하니라

_행 6:7

2. 7절의 변화되는 교회의 모습을 통해, 위기는 곧 기회인 것을 알게 됩니다. 집사들은 구제 사업에만 전념한 것이 아니라 다시 큰일들을 맡아 나가게 됩니다. 사도행전 7장은 스데반이 담대히 말씀을 전하는 모습을 보여 줍니다. 스데반의 설교 핵심은 무엇입니까?

너희 조상들이 선지자들 중의 누구를 박해하지 아니하였느냐 (　　　　　)이 오시리라 예고한 자들을 그들이 죽였고 이제 너희는 그 (　　　　　)을 잡아 준 자요 살인한 자가 되나니 _행 7:52

3. 집사로 피택되었던 스데반은 말씀 전하는 자로 담대히 일하였습니다. 그 사역의 범위가 넓어진 것입니다. 그러나 그의 마지막은 어떠하였습니까?

그들이 (　　)로 스데반을 치니 스데반이 부르짖어 이르되 주 예수여 내 (　　　　　)을 받으시옵소서 하고 _행 7:59

4. 스데반은 말씀 전하는 자를 넘어서 기독교 최초의 순교자가 되었습니다. 그가 순교할 때 본 것은 무엇입니까?

스데반이 성령 충만하여 하늘을 우러러 주목하여 (　　　　　　　　)과 및 (　　　　　　　　　　　　　　)을 보고 _행 7:55

III. 적용하기

1. 문제가 발생한 초대교회는 그 문제를 슬기롭게 잘 극복했습니다. 우리의 모임에서는 어떤 부분에 있어 문제가 발생합니까? 이를 극복하려면 어떻게 해야 합니까?

2. 여러분은 교회에 어려움이 있을 때 무엇을 하였습니까? 이번 시간에는 교회에 있었던 어려움들을 놓고 기도하는 시간을 가져 봅시다. 그 일을 통해 교회가 성장하고 발전했다면 감사 기도를, 좌절들이 있었다면 회개 기도를 드립시다. 또한 우리 교회가 역동적이고 발전하는 교회가 되도록 기도합시다. 그 기도 제목들을 아래에 적고 기도하시기 바랍니다.

메 · 시 · 지

한 선박이 부두에만 정박해 있다면 어려움을 겪지 않습니다. 그러나 바다를 향해 항해를 하면 여러 가지 일을 만나게 됩니다. 험한 풍랑과 파도에 대항하여 싸워야 합니다. 배도 잘 정비되어야 하고, 선원들의 마음도 하나가 되어야 합니다. 큰 목적을 이루기 위해서는 큰 싸움을 이겨 내야 하고 높은 파도를 넘어야 합니다.

교회도 진통을 겪을 때가 있습니다. 그러나 이러한 진통이 도약의 기회가 될 때도 많습니다. 모이지 않으면 문제가 없습니다. 일을 하지 않으면 문제가 없습니다. 그러나 많이 모이고, 열심을 내려 하면 진통을 겪습니다. 이것이 역동하는 교회의 모습입니다.

요한계시록에 나오는 일곱 교회 중 빌라델비아 교회는 칭찬을 많이 들은 교회입니다. 왜냐하면 "작은 능력을 가지고서도"(계 3:8) 열심을 내었기 때문입니다. 반대로 라오디게아 교회는 "미지근하여 뜨겁지도 아니하고 차지도 아니하니"(계 3:16)라는 책망을 받았습니다. 이유는 라오디게아 교회는 부요했으나 열심을 내지 않았기 때문입니다. 아무것도 하지 않으면 어려움도 없습니다. 그러나 열심히 모이고 많은 일을 하다 보면, 문제에 부딪히는 것은 당연한 일입니다. 그 일을 통해 교회가 성장하고 성숙하기 때문입니다.

초대교회에는 많은 사람이 모여들었습니다. 헬라파 유대인들까지 모이면서 어려운 문제들이 일어났습니다. 그러나 초대교회는 그 문제를 인간적인 방법으로 처리하지 않는 슬기로움을 보여 주었습니다. 그 이유는 사도들이 성령 충만했고, 기도하는 사람들이었기 때문입니다. 교회는 오히려 일꾼을 얻었고, 더 많은 사역을 감당했으며, 더욱 활기찬 교회로 변모해 갔습니다. 우리의 교회도 이런 성령 충만으로 힘 있게 발전되기를 기도하시기 바랍니다.

8과 흩어지는 교회

■본문: 사도행전 8:1-8 ■요절: 사도행전 8:8 ■찬송: 518장

1사울은 그가 죽임 당함을 마땅히 여기더라 그 날에 예루살렘에 있는 교
회에 큰 박해가 있어 사도 외에는 다 유대와 사마리아 모든 땅으로 흩어
지니라 2경건한 사람들이 스데반을 장사하고 위하여 크게 울더라 3사울이
교회를 잔멸할새 각 집에 들어가 남녀를 끌어다가 옥에 넘기니라 4그 흩
어진 사람들이 두루 다니며 복음의 말씀을 전할새 5빌립이 사마리아 성에
내려가 그리스도를 백성에게 전파하니 6무리가 빌립의 말도 듣고 행하는
표적도 보고 한마음으로 그가 하는 말을 따르더라 7많은 사람에게 붙었던
더러운 귀신들이 크게 소리를 지르며 나가고 또 많은 중풍병자와 못 걷는
사람이 나으니 8**그 성에 큰 기쁨이 있더라**

I. 예루살렘을 넘어서는 교회

스데반의 순교는 초대교회의 위기 중의 위기였습니다. 이것은 교회에 대한 공식적인 첫 박해였습니다. 이제 교회를 다닌다고 하는 것은 목숨을 걸 만큼의 위험한 일이 되었습니다. 교회는 와해될 것인가, 아니면 새로운 길로 나아갈 것인가 하는 중대한 기로에 서게 되었습니다.

그런데 이 박해의 뒤에는 놀라운 비밀이 숨겨져 있었습니다. 어떤 비밀일까요? 그것은 선교에 대한 하나님의 비밀입니다. 주님께서는 승천하시기 전, 주의 복음이 어떻게 전파될 것인가를 분명하게 말씀해 주셨습니다.

사도행전 1:8 선교의 대선언을 통해, "오직 성령이 너희에게 임하시면 너희가

권능을 받고 예루살렘과 온 유대와 사마리아와 땅 끝까지 이르러 내 증인이 되리라"고 말씀하셨습니다. 주의 복음은 예루살렘에만 머물러 있을 수 없다는 것입니다. '땅 끝'을 향해 나아가야 한다는 것입니다.

'땅 끝'을 향해 나아가는 일이 박해로 인해 시작되었다는 것은 놀라운 역설입니다. 하나님께서 계획하신 일이 박해를 통해서 오히려 폭발력을 갖게 되었다는 것을 뜻하기 때문입니다.

1. 오늘 본문 말씀 중에서 먼저 중요한 단어를 찾아보겠습니다. 1절과 4절에 나오는 공통된 단어는 무슨 단어입니까?

사울은 그가 죽임 당함을 마땅히 여기더라 그 날에 예루살렘에 있는 교회에 큰 박해가 있어 사도 외에는 다 유대와 사마리아 모든 땅으로 (   )_행 8:1

그 (   ) 사람들이 두루 다니며 복음의 말씀을 전할새 _행 8:4

2. 스데반의 순교 이후에 처음 교회였던 예루살렘 교회에 또 다른 박해가 일어났습니다. 그때, 그리스도인들은 예루살렘을 넘어서 어디로 흩어지게 되었습니까?

사울은 그가 죽임 당함을 마땅히 여기더라 그 날에 예루살렘에 있는 교회에 큰 박해가 있어 사도 외에는 다 (   )와 (   ) 모든 땅으로 흩어지니라 _행 8:1

3. 이러한 박해가 일어나면 사람들은 무서워 도망가는 것이 보통이었습니다. 죽임 당한 사람은 죄인이기 때문에 그들의 시신도 수습하기가 어려웠습니다. 그러나 초대교회 사람들은 스데반의 죽음 앞에서 어떻게 했습니까?

경건한 사람들이 스데반을 ( )하고 위하여 크게 울더라 _행 8:2

4. 예루살렘에서 흩어진 그리스도인들은 흩어지는 것으로 끝났습니까? 그들이 흩어지면서 행한 일은 무엇입니까?

그 흩어진 사람들이 두루 다니며 ( )의 말씀을 전할새 _행 8:4

생각하는 이야기

어떤 학자가 성공한 40명의 사람들을 조사해 보았습니다. 그중에 38명은 인간으로서 겪을 수 있는 모진 환경을 딛고 일어선 사람들이었습니다. 환경이 각 개인들을 연단시킨 것입니다.
진정한 군사는 훈련소에서 길러지기보다는 전쟁터에서 길러집니다. 그리스도의 용사도 교회 밖의 환난에서 진정한 용사로 거듭나게 됩니다.

II. 복음이 전파됨으로

초대교회 그리스도인들은 말씀의 훈련으로 철저히 무장되어 복음 위에 확실히 섰습니다. 그 증거는 스데반을 장사지내는 것에서 알 수 있습니다. 유대의 규정에 보면, 투석형을 당한 사람을 위해서는 울어 주는 것이 금지되어 있었습니다. 그러나 그들은 스데반을 장사하고 '크게 울었습니다'(행 8:2). 그 울음은 두려움이 없는 울음이었습니다. 바로 이것이 복음으로 무장된 사람들의 모습입니다.

스데반의 죽음으로 박해는 시작되었고, 사람들은 흩어졌습니다. 그러나 그리스도인들의 흩어짐은 교회의 붕괴를 의미하는 흩어짐이 아니었습니다. 그 흩어짐은 오히려 복음 전파의 놀라운 통로가 되었습니다.

보통 이러한 단체나 모임들은 수장이 사라지면 소멸됩니다. 때문에 베드로가 복음을 전하다 붙잡혔을 때, 율법교사 가말리엘은 예전에 일어났던 '드다'와 '갈릴리 유다'의 예를 들면서 이렇게 이야기한 일이 있습니다. "만일 하나님께로부터 났으면 너희가 그들을 무너뜨릴 수 없겠고 도리어 하나님을 대적하는 자가 될까 하노라 하니"(행 5:39).

예수 그리스도가 죽임을 당하므로 새 생명은 제자들에게 뿌려졌습니다. 거듭난 제자들은 용기 있게 복음을 전파할 수 있었습니다. 그 담대함을 박해가 가로막을 수 없었습니다. 그들은 박해의 일시적인 여파로 흩어질 수밖에 없었지만 소멸되지는 않았습니다. 그들은 복음을 들고 흩어졌고, 받은 말씀을 전하지 않고는 견딜 수 없었기에 복음의 불씨가 될 수 있었습니다.

1. 일곱 집사 중 하나였던 스데반이 말씀을 전하다 순교하자, 그 바통을 이어받은 사람이 있었습니다. 누구였습니까? 또한 그는 어디에서 무엇을 하였습니까?

( )이 사마리아 성에 내려가 ( )를 백성에게 전파하니 _행 8:5

2. 빌립이 복음을 전하자 역사가 나타났습니다. 그 첫 번째 역사는 무엇입니까?

무리가 빌립의 말도 듣고 행하는 표적도 보고 한마음으로 그가 하는 말을 (　　　　)

_행 8:6

3. 빌립이 복음을 전하자 그 복음을 따르는 자들이 많아졌습니다. 뿐만 아니라 어떤 역사도 나타났습니까?

많은 사람에게 붙었던 더러운 (　　　　)들이 크게 소리를 지르며 나가고 또 많은 (　　　　)와 (　　　　)이 나으니 _행 8:7

4. 그 역사로 인하여 얻게 된 결과는 무엇입니까?

그 성에 큰 (　　　　)이 있더라 _행 8:8

Ⅲ. 적용하기

1. 모이기를 잘하는 교회는 흩어지기도 잘해야 합니다. 그런데 이 '흩어짐'은 단순히 사방으로 퍼지는 것을 뜻하지 않습니다. 그리스도인이 세상에 '흩어진다'는 의미에 대해 이야기를 나눠 봅시다. 어떤 의미입니까? 흩어져서 할 일에 대해서도 나눠 봅시다.

2. 우리의 사역은 주님 앞에 나아갈 때까지 계속됩니다. 여러분 자신이 교회에서 맡은 일은 무엇입니까? 그 일을 통해 힘들었던 점, 감사했던 점들을 이야기해 봅시다.

메 · 시 · 지

스데반에 이어서 복음의 바통을 이어받은 사람은 빌립이었습니다. 그가 내려간 곳은 "사마리아 성"(행 8:5)이었습니다. 사마리아 성! 이 얼마나 놀라운 역사입니까? 예수님께서 "유대와 사마리아와 땅 끝까지"(행 1:8)라고 말씀하신 그 순서가 그대로 이루어졌기 때문입니다.

빌립이 복음을 전할 때 수많은 사람이 "한마음으로 그가 하는 말을 따르더라"(행 8:6) 하였습니다. 또한 더러운 귀신도 나가고, 많은 중풍병자와 앉은뱅이도 일어섰습니다. 이 모든 일을 통해 무엇이 연상됩니까? 바로 예수님의 이적입니다. 예수님께서 활동하시면서 행하신 기적의 역사들이 제자들 가운데 나타났습니다. 예수님처럼 성령이 충만하여 활동하는 사람들은 예수님처럼 많은 표적을 행할 수 있음을 보여 준 것입니다.

교회는 모일 뿐만 아니라 흩어집니다. 교회가 흩어지는 이유는 한 가지입니다. 복음 전파를 위해서입니다. 초대교회는 순교와 박해를 통해서 흩어졌지만, 오히려 그것이 복음을 전하는 수많은 기회로 바뀌어졌습니다. 또한 복음이 들어간 곳에는 변화가 나타났습니다. 어떤 변화입니까?

사도행전 8:8에서는 “큰 기쁨이 있더라”고 말씀합니다.
여러분의 복된 흩어짐을 통해, 곳곳에 예수 그리스도를 만나는 ‘큰 기쁨’이 나타나기를 바랍니다.

III부 교회의 바람직한 모델
_ 초대교회를 중심으로

9과 부흥하는 교회 _ 예루살렘의 처음 교회

10과 전도하는 교회 _ 안디옥 교회

11과 믿는 자의 본이 되는 교회 _ 데살로니가 교회

12과 칭찬듣는 교회 _ 서머나 교회와 빌라델비아 교회

9과 부흥하는 교회

_ 예루살렘의 처음 교회

■본문: 사도행전 2:42-47 ■요절: 사도행전 2:47 ■찬송: 495, 520장
(참고: 행 4:32-35, 5:12-16, 6:7)

42그들이 사도의 가르침을 받아 서로 교제하고 떡을 떼며 오로지 기도하
기를 힘쓰니라 43사람마다 두려워하는데 사도들로 말미암아 기사와 표적
이 많이 나타나니 44믿는 사람이 다 함께 있어 모든 물건을 서로 통용하고
45또 재산과 소유를 팔아 각 사람의 필요를 따라 나눠 주며 46날마다 마음
을 같이하여 성전에 모이기를 힘쓰고 집에서 떡을 떼며 기쁨과 순전한 마
음으로 음식을 먹고 47**하나님을 찬미하며 또 온 백성에게 칭송을 받으니
주께서 구원 받는 사람을 날마다 더하게 하시니라**

I. 처음 교회는 부흥하는 교회였습니다(행 2:41, 5:14).

온 세상에 이르도록 내 증인이 되라고 하신 주님의 선교 명령에 따라 처음 교회는 예루살렘을 중심으로 예수 그리스도의 삶과 부활을 열심히 증거했습니다. 오순절 사건은 전 세계를 향한 선교 열정의 염원이 불길처럼 타오를 것을 말해주는 예시적인 사건으로, 초대교회 부흥의 핵심적 역할을 합니다. "누구든지 주의 이름을 부르는 자는 구원을 받으리라"(행 2:21)고 외친 베드로의 설교로 삼천 명이 회개하고 세례를 받는 역사가 일어났고, 주의 이름으로 베푸는 이적과 기사로 큰 무리가 주께로 나오는 역사(행 5:14)가 있었습니다. 제자들은 예루살렘 공회의 위협도 두려워하지 않는 담대한 자들이 되었습니다(행 4:1-32 참조). 귀신에 사로잡혀 거품을 흘리던 소년을 고치지 못하고 쩔쩔매던 제자들이(눅 9:37-43) 앉은뱅이를 일으키고(행 3:1-8), 수많은 사람을 고치는(행 4:22) 능력

의 사자들이 되었습니다. 예수님의 부활과 승천의 목격, 그리고 오순절 이후의 성령 충만한 체험이 제자들을 이렇게 변화시킨 것입니다. 이제는 아무도 저들의 이 같은 선교적 열정을 막을 수 없게 되었습니다. 그들은 담대히 "우리는 보고 들은 것을 말하지 아니할 수 없다"(행 4:20)라고 외치고 있는 것입니다.

1. 초대교회 부흥의 원동력이었던 오순절 사건에 대해서 이야기해 보십시오.

그들이 다 (   )의 충만함을 받고 (   )이 말하게 하심을 따라 다른 (   )로 말하기를 시작하니라 _행 2:4

생각하는 이야기

오순절 사건의 핵심은 제자공동체가 전 세계에서 모여든 사람들에게 '하나님의 큰 일'을 각기 그들의 말로 선포하고 있는 것입니다. 이 일은 많은 사람들을 소동케 하는 놀라운 일이었습니다.
본래 제자들은 하나님의 큰 일을 말할 만한 '혀'를 갖고 있지 못했습니다. 그러나 성령의 강림은 그들의 혀를 충동하였고, 각국의 언어로 담대하게 복음을 증거하도록 역사하였습니다. 이는 옛 바벨탑 사건(창 11:1-9)의 역전을 의미하며 혼잡한 언어로 인하여 분산되었던 공동체가 이제는 그리스도 안에서 원상태로 회복될 것을 예시해 주는 사건이라 하겠습니다.

2. 예루살렘 공회의 선교금지 명령에 대해 사도들은 어떻게 담대하게 증거하고 있습니까?

그들을 불러 경고하여 도무지 예수의 이름으로 말하지도 말고 가르치지도 말라 하니 베드로와 요한이 대답하여 이르되 하나님 앞에서 ( )을 듣는 것이 ( )을 듣는 것보다 옳은가 판단하라 _행 4:18-19

3. 초대교회의 부흥하는 모습을 표현하는 구절을 찾아 기록해 보십시오.

그 말을 받은 사람들은 세례를 받으매 이 날에 ( )가 ( ) 이나 더하더라 _행 2:41

… 주께서 구원 받는 사람을 날마다 ( ) 하시니라 _행 2:47

믿고 주께로 나아오는 자가 ( ) 남녀의 큰 무리더라 _행 5:14

II. 초대교회의 부흥은 일시적인 것이 아니었습니다(행 2:47).

오순절 사건, 베드로의 설교로 이어지는 초대교회의 부흥은 일시적인 열정에서 그친 것이 아닙니다. 오늘날 수많은 종교적인 집회가 순간적 뜨거움으로 치솟았다가 이내 식어지고 마는 경향을 볼 때, 이와 관련된 성경적 증언 중에 대표적인 부분이 바로 오늘의 본문입니다. 초대교회는 늘어나는 많은 무리를 가르치고('디다케') 교제('코이노니아')하고 떡을 떼고(성찬) 기도하는 공동체로서, 처음 부흥의 불길을 자체적인 가르침과 교제 등을 통해서 계속 이어갔던 것을 볼 수 있습니다(행 2:42-47). 그들은 날마다 성전에 모였고 집에서 떡을 뗐으며 기쁨과 순전한 마음으로 공동식사를 했습니다(행 2:46). 또 자발적으로 재산을 팔아 공유하며(행 2:44-45) 공동체에서 궁핍함을 당하는 사람이 없도록 보살폈습니다.

이 같은 성령 충만의 열매들은 소문이 나면서 많은 사람에게 신선한 충격을 주었고, 기독교에 대한 긍정적 소문을 퍼뜨리는 계기가 되어 교회는 더욱 안정적으로 부흥하기에 이르렀습니다(행 2:47). 초대교회는 이 같은 외적인 폭발적 성장과 내적인 가르침, 교제를 통해서 일시적이고 한시적인 부흥이 아니라 지속적인 부흥과 성장을 이루었던 공동체였습니다.

1. 초대교회 공동체의 삶의 모습(이것이 지속적 부흥의 비결입니다)을 사도행전에서는 네 가지로 표현하고 있습니다. 찾아서 기록하십시오(행 2:42).

   ①　　　　　　　　　　②

   ③　　　　　　　　　　④

2. 성도의 교제는 어떤 형태로 진행되었습니까(행 2:44-46)?

   ① 44절:

   ② 45절:

   ③ 46절:

생각하는 이야기

바나바와 아나니아와 삽비라의 이야기는 극명한 대조를 이룹니다. 바나바는 자원하여 재산을 팔아 사도들의 발 앞에 두었습니다(행 4:37). 그러나 이것을 잘못 흉내낸 아나니아와 삽비라는 저주를 받았습니다(행 5:1-

11). 이는 그들의 거짓된 행동이 공동체뿐만 아니라 하나님께 얼마나 큰 모독이 되는지를 잘 보여 준 사건입니다. 공동체는 거짓 없는 헌신과 수고를 통해서 지속적인 부흥을 유지할 수 있습니다.

Ⅲ. 초대교회는 기도함으로 부흥하는 교회였습니다(행 2:42, 46).

초대교회는 기도하는 공동체였습니다. 성령 강림을 기다리던 제자들은 기도에 힘썼습니다(행 1:14). 복음서의 예수님도 기도하시는 분이었습니다(눅 5:16 등). 따라서 초대교회는 그 삶에 있어서 기도를 떠나서는 생각할 수 없는 공동체였습니다. 곧 기도하는 생활을 통해 초대교회는 예수님을 따르는 존재로 입증되었습니다. 초대교회가 기도하는 공동체였음은 다음의 구절들에서 확인해 볼 수 있습니다.

"제 구 시 기도 시간에 베드로와 요한이 성전에 올라갈새"(행 3:1).

"우리는 오로지 기도하는 일과 말씀 사역에 힘쓰리라 하니"(행 6:4).

"이에 베드로는 옥에 갇혔고 교회는 그를 위하여 간절히 하나님께 기도하더라"(행 12:5).

특히 '기도'는 그들의 지속적인 부흥과 성장에 있어서 뗄 수 없는 요인이었는데, 이를 통해 교회는 불의한 세상과 자신들을 박해하던 세상에 대해서 담대함을 잃지 않고 복음을 증거할 수 있었습니다.

1. 제자들이 예수님의 가족들과 더불어 성령 강림을 기다리며 마음을 같이 하여 힘썼던 것은 무엇입니까?

여자들과 예수의 어머니 마리아와 예수의 아우들과 더불어 마음을 같이하여 오로지 (　　　　　)에 힘쓰더라 _행 1:14

2. 초대교회가 힘써 했던 것 중에는 사도의 가르침과 교제와 떡을 떼는 것 등이 있습니다. 또 한 가지 초대교회가 힘써 했던 중요한 일은 무엇입니까?

그들이 사도의 가르침을 받아 서로 교제하고 떡을 떼며 오로지 (　　　　　) 힘쓰니라 _행 2:42

3. 사도행전 3장에 보면, 성전 미문의 앉은뱅이를 베드로와 요한이 고쳐 주는 장면이 나옵니다. 사도들은 무엇 때문에 성전에 올라갔습니까?

제 구 시 (　　　　　)에 베드로와 요한이 성전에 올라갈새 _행 3:1

4. 예수님께서도 바쁜 일정 중에 따로 기도 장소를 찾으시며 기도에 힘쓰셨습니다. 관련 구절을 찾아보십시오.

새벽 아직도 밝기 전에 예수께서 일어나 나가 한적한 곳으로 가사 거기서 (　　　　　) _막 1:35

생각하는 이야기

기도를 잃어버리면 교회는 그 정체성이 무너집니다. 왜냐하면 교회는 기도하신 주님을 따르는 공동체이기 때문입니다.
조지 뮬러는 많은 기도의 응답을 받은 사람으로 잘 알려져 있습니다. 그런 뮬러도 어떤 한 사람의 구원을 위해 무려 63년 8개월 동안 기도했다고 합니다. 기도는 이렇게 장구한 씨름이요, 하나님의 능력을 체험하는 것입니다.

IV. 적용하기

1. 정해진 자신만의 기도시간이 있습니까? 만약 없다면 계획해 봅시다.

2. 초대교회의 부흥은 성령 충만의 결과였습니다. 성령의 충만함을 체험한 사도들은(행 2:4) 뜨거운 열정으로 복음을 담대히 외칠 수 있었습니다. 오늘 우리는 선하고 기쁜 소식을 가지고 사람들 앞으로 나아갈 능력을 가지고 있습니까?

3. 우리 교회의 지속적 부흥과 성장을 위해서 우리들이 해야 할 일은 무엇입니까?

메 · 시 · 지

초대교회는 부흥하는 공동체였습니다. 오순절 사건 이후 교회는 폭발적인 성장을 거듭하였습니다. 사도들은 박해도 두려워하지 않고, 담대히 주의 복음을 외쳤습니다. "우리는 보고 들은 것을 말하지 아니할 수 없다"(행 4:20).

사도들이 외쳤던 복음의 핵심은 "누구든지 주의 이름을 부르는 자는 구원을 받으리라"(행 2:21)와 "… 너희가 십자가에 못 박은 이 예수를 하나님이 주와 그리스도가 되게 하셨느니라"(행 2:36), 그리고 "다른 이로써는 구원을 받을 수 없나니 천하 사람 중에 구원을 받을 만한 다른 이름을 우리에게 주신 일이 없음이라"(행 4:12) 등입니다.

아울러 초대교회는 사도들의 가르침과 교제와 떡을 뗌과 기도로 균형 있고 지속적으로 부흥하고 성장하는 교회였습니다. 내실 있는 성장을 위해 그들은 부지런히 자신의 사명을 감당하였습니다. 또한 기도하는 공동체로서 예수의 본을 따랐습니다. 초대교회는 열심히 기도하는 공동체였음을 성경이 증언하고 있습니다(행 1:14, 2:42, 3:1, 6:4 등).

우리 교회가 초대교회의 본을 따라 부흥하는 교회가 되려면 무엇을 해야 하는지, 오늘 본문이 우리에게 증언하고 있습니다.

10과 전도하는 교회
_ 안디옥 교회

■ 본문: 사도행전 11:19–30 (참고: 행 13:2–3) ■ 요절: 사도행전 11:21 ■ 찬송: 500, 502장

19그 때에 스데반의 일로 일어난 환난으로 말미암아 흩어진 자들이 베니
게와 구브로와 안디옥까지 이르러 유대인에게만 말씀을 전하는데 20그 중
에 구브로와 구레네 몇 사람이 안디옥에 이르러 헬라인에게도 말하여 주
예수를 전파하니 **21주의 손이 그들과 함께 하시매 수많은 사람들이 믿고
주께 돌아오더라** 22예루살렘 교회가 이 사람들의 소문을 듣고 바나바를
안디옥까지 보내니 23그가 이르러 하나님의 은혜를 보고 기뻐하여 모든
사람에게 굳건한 마음으로 주와 함께 머물러 있으라 권하니 24바나바는
착한 사람이요 성령과 믿음이 충만한 사람이라 이에 큰 무리가 주께 더하
여지더라 25바나바가 사울을 찾으러 다소에 가서 26만나매 안디옥에 데리
고 와서 둘이 교회에 일 년간 모여 있어 큰 무리를 가르쳤고 제자들이 안
디옥에서 비로소 그리스도인이라 일컬음을 받게 되었더라 27그 때에 선지
자들이 예루살렘에서 안디옥에 이르니 28그 중에 아가보라 하는 한 사람
이 일어나 성령으로 말하되 천하에 큰 흉년이 들리라 하더니 글라우디오
때에 그렇게 되니라 29제자들이 각각 그 힘대로 유대에 사는 형제들에게
부조를 보내기로 작정하고 30이를 실행하여 바나바와 사울의 손으로 장로
들에게 보내니라

I. 안디옥 교회는 이방 선교의 전초기지입니다.

사도행전 11:19–21을 보면, 안디옥 교회의 설립 배경이 설명되어 있습니다. 예루살렘에서의 핍박이 곧 이방 선교의 좋은 계기가 되어(행 8:1 참조) 박해로

흩어진 성도들이 가만히 있지 않고 부지런히 복음을 증거했던 것입니다. 이들은 베니게와 구브로와 안디옥에 이르러 복음을 전했는데, 처음에는 유대인에게만 전하던 것을 안디옥에 이르러서는 헬라인들에도 주 예수를 전하였습니다. 이 선교는 결과적으로 성령께서 인도하셔서 성공적인 결실을 맺게 되었습니다.

이 같은 이방 선교의 결과로 세워진 안디옥 교회는 여기서 머물지 않고 또 다른 이방인들을 구원하기 위해 선교자 바울과 바나바를 파송합니다(행 13장). 그들은 선교사를 파송하기 위해 금식하고 기도하며 준비하였습니다. 이들 선교사들을 통해 우리는 세계로 뻗어 나가는 교회의 모습으로 거듭나게 되었습니다.

1. 본격적인 이방 선교의 계기가 된 것은 무엇 때문입니까?

> … 그 날에 예루살렘에 있는 교회에 (　　　　　　　　)가 있어 사도 외에는 다 유대와 사마리아 모든 땅으로 (　　　　　　　　　　　　　) _행 8:1

> 그 때에 스데반의 일로 일어난 (　　　　　　　　　　　　　　　　　　　)이 베니게와 구브로와 안디옥까지 이르러 유대인에게만 말씀을 전하는데 _행 11:19

2. 우리는 이방 선교가 분명한 성령의 역사인 것을 어떻게 알 수 있습니까?

> 주의 (　　　)이 그들과 (　　　　　　) 하시매 수많은 사람들이 믿고 주께 돌아오더라 _행 11:21

> (　　　　　　　　　　　　　　　　　　　)이 이르시되 내가 불러 시키는 일을 위하여

바나바와 사울을 따로 세우라 하시니 이에 (   )하며 (   )하고 두 사람에게 안수하여 보내니라 _행 13:2-3

생각하는 이야기

박해와 추방을 선교의 계기로 만드시는 성령의 역사를 생각해 봅시다. 오늘날 그리스도인이 된다는 것은 여전히 박해와 고난을 각오해야 하는 일입니다. 비록 그 형태와 양상은 다를지라도 예수 그리스도를 영접하고 그 뜻을 따른다는 것은 오늘날의 문화 속에서 여러 가지 어려운 상황을 만나게 될 가능성이 많습니다.

그러나 어려운 상황을 오히려 선교의 기회로 바꾸어 하나님께 영광 돌려야 할 사명이 우리에게 있다는 사실을 기억하기 바랍니다.

II. 안디옥 교회는 이방 선교를 위해 예루살렘 교회와 협력했습니다.

안디옥 교회의 부흥 소식은 곧 예루살렘 교회에 전달되었습니다. 예루살렘 교회는 바나바를 택하여 안디옥에 보내 과연 이 같은 이방인들의 개종이 사도적 규범에 일치하는가를 검증하게 됩니다(행 13:22). 그것은 교회가 교회로서의 전통과 전승을 지키고자 하는 나름대로의 정당한 노력이었습니다. 교회의 교회다움(사도적 전승과 규범에의 일치, 교회의 표지 등)을 지킬 수 있을 때라야 그 부흥은 정당성을 확립하는 것이기 때문입니다. 안디옥 교회는 예루살렘 교회의 사명을 인정하고 바나바를 영접하여 그 가르침을 받았습니다(행 11:23-24). 이에 바나바는 안디옥의 일이 하나님의 은혜로 된 일임을 인정하고 그들을 권면

합니다. 그리고 사울(후에 바울)을 다소로부터 데려와서 안디옥 교회에서 일 년 간을 머물게 함으로써 장차 있을 이방 선교의 큰 기틀을 마련하였습니다. 이때부터 비로소 제자들이 그리스도인이란 칭호를 듣게 되었습니다(행 11:26下).

이같이 안디옥 교회는 바나바의 가르침을 받아들임으로써, 예루살렘 교회와의 일치를 위한 협력을 아끼지 않습니다. 또한 안디옥 교회는 흉년으로 어려움에 빠진 예루살렘 교회를 돕고 모든 교회의 하나 됨과 형제 됨을 보여 주며 초대 교회의 전통을 이어가고 있습니다(행 11:27-30).

1. 이방인이 개종하여 구성된 안디옥 교회에 대해서 예루살렘 교회가 취한 행동은 무엇입니까?

예루살렘 교회가 이 사람들의 소문을 듣고 ( ) 보내니

_행 11:22

생각하는 이야기

본문 전체를 통해 우리는 안디옥 교회가 결코 독자노선을 걸었던 것이 아님을 알 수 있습니다. 안디옥 교회는 모교회인 예루살렘 교회와의 관련성을 소중히 여겼으며, 그곳으로부터 파송받은 바나바의 가르침을 성실하게 따랐습니다. 교회는 이같이 사도와의 관련성 속에서 그 정당성을 인정받습니다. 교회가 전통과 전승을 무시할 때 그 뿌리를 잃고 표류하게 되며, 각종 이단과 사이비의 위협 아래 놓이게 됩니다. 교회의 사도적 전통이 중요한 이유가 여기에 있습니다.

2. 이방인의 개종을 바라보는 바나바의 태도는 어떠했습니까?

그가 이르러 ( ) 기뻐하여 모든 사람에게 굳건한 마음으로 주와 함께 머물러 있으라 권하니 _행 11:23

3. 안디옥 교회를 가르치며 권했던 바나바의 인격에 대해, 성경은 무엇이라고 증언하고 있습니까?

바나바는 ( )이요 ( ) 충만한 사람이라 이에 큰 무리가 주께 더하여지더라 _행 11:24

4. 안디옥 교회는 예루살렘 교회와의 하나 됨을 위해 애쓴 교회입니다. 그 한 예로서, 안디옥 교회는 흉년 때문에 곤경에 처한 예루살렘 교회를 돕기 위해 나섰습니다. 이처럼 형제를 돕는 초대교회의 전통을 고스란히 계승하고 있었던 것입니다.

그 때에 선지자들이 예루살렘에서 안디옥에 이르니 그 중에 아가보라 하는 한 사람이 일어나 성령으로 말하되 천하에 큰 ( ) 하더니 글라우디오 때에 그렇게 되니라 제자들이 각각 그 힘대로 유대에 사는 형제들에게 ( )를 보내기로 작정하고 이를 ( )하여 바나바와 사울의 손으로 장로들에게 보내니라 _행 11:27-30

Ⅲ. 적용하기

1. 안디옥 교회를 가르친 바나바의 인격은 착한 사람이요, 성령과 믿음이 충만한 자였습니다. 이 같은 바나바의 인격에 감화를 받아 큰 무리가 주께 더했다는 증언이 있습니다(행 11:24 참조). 바나바의 고상한 인격과 성령 충만한 모습을 통해, 전도자로 사는 우리들의 인격과 삶은 어떠해야 합니까?

2. 교회가 성령이 충만하다는 사실은 곧 전도의 열정으로 나타날 수밖에 없습니다. 왜냐하면 그것이 성령의 일(행 13:2)이기 때문입니다. 우리 교회는 과연 안디옥 교회처럼 성령이 충만하여 뜨거운 열정으로 전도하는 데 힘쓰는 공동체입니까? 그렇지 않다면, 그 이유는 무엇 때문이라고 생각합니까?

메 · 시 · 지

안디옥 교회는 박해로 인해 예루살렘을 떠날 수밖에 없었던 무리에 의해 생긴 교회입니다. 모든 것을 합력하여 선을 이루시는(롬 8:28) 하나님께서는 박해라는 상황을 역으로 이용하여 이방 선교의 불길을 일으키십니다. 이방에 흩어진 성도들은 특유의 선교적 열정으로 그리스도의 도를 전파하였고 이는 이방 교회, 특히 안디옥 교회를 설립하는 계기가 되었습니다. 안디옥 교회는 대부분 이방인들으로 구성되어 있었지만, 예루살렘 교회와의 관계 속에서 사도적 전통을 지키려고 노력했습니다. 이것은 정통성과 관련된 매우 중요한 일이었습니다. 그래서 예루살렘 교회로부터 파송받은 바나바를 받아들이고 그의 가르침을 따랐던 것입니다. 이것은 안디옥 교회가 구성원들의 개종과 동시에 양육의 중요성을 인정한 것입니다. 많은 이방인이 교회로 들어와 그리스도인이 되었지만 아직 옛 생활의 습관을 버리지 못하고 있던 차에 바나바의 가르침은 매우 유용한 것이었습니다. 이방인 개종자들은 바나바로 인해 그리스도인으로서의 정체성을 확인하고 앞으로 나아가야 할 길을 안내받았습니다. 하나님께서는 바나바의 인격과 성령 충만한 모습을 통하여 안디옥 교회에 많은 무리를 더하셨는데, 이는 오늘날 전도자의 표본이라 할 수 있습니다.

한 가지만 더 언급하면, 안디옥 교회는 흉년이 들어 궁핍에 빠진 예루살렘 교회를 도움으로써 그리스도 안에서의 모든 교회가 하나 됨을 보여 주고 있습니다(행 11:27-30 참조). 초대교회 전통이 재산을 공유하며 형제의 궁핍을 돌본 것이었다면, 안디옥 교회는 그 전통의 훌륭한 계승자로도 손색이 없었습니다. 이로써 안디옥 교회의 모범은 이방인과 유대인이 교회 안에서 하나임을 보여 주는 현실적 표본이 되었습니다.

11과 믿는 자의 본이 되는 교회
_ 데살로니가 교회

■본문: 데살로니가전서 1:2-10 ■요절: 데살로니가전서 1:8 ■찬송: 452, 455장

2우리가 너희 모두로 말미암아 항상 하나님께 감사하며 기도할 때에 너
희를 기억함은 3너희의 믿음의 역사와 사랑의 수고와 우리 주 예수 그리
스도에 대한 소망의 인내를 우리 하나님 아버지 앞에서 끊임없이 기억함
이니 4하나님의 사랑하심을 받은 형제들아 너희를 택하심을 아노라 5이
는 우리 복음이 너희에게 말로만 이른 것이 아니라 또한 능력과 성령과
큰 확신으로 된 것임이라 우리가 너희 가운데서 너희를 위하여 어떤 사람
이 된 것은 너희가 아는 바와 같으니라 6또 너희는 많은 환난 가운데서 성
령의 기쁨으로 말씀을 받아 우리와 주를 본받은 자가 되었으니 7그러므로
너희가 마게도냐와 아가야에 있는 모든 믿는 자의 본이 되었느니라 **8주의**
말씀이 너희에게로부터 마게도냐와 아가야에만 들릴 뿐 아니라 하나님을
향하는 너희 믿음의 소문이 각처에 퍼졌으므로 우리는 아무 말도 할 것이
없노라 9그들이 우리에 대하여 스스로 말하기를 우리가 어떻게 너희 가운
데에 들어갔는지와 너희가 어떻게 우상을 버리고 하나님께로 돌아와서 살
아 계시고 참되신 하나님을 섬기는지와 10또 죽은 자들 가운데서 다시 살
리신 그의 아들이 하늘로부터 강림하실 것을 너희가 어떻게 기다리는지를
말하니 이는 장래의 노하심에서 우리를 건지시는 예수시니라

I. 구체적인 신앙의 열매가 있는 교회

바울은 그의 제2차 전도여행 중 세운 데살로니가 교회에 대해서 매우 자랑스럽게 생각하고 있습니다(살전 1:8, 2:19-20). 데살로니가 교회는 박해에도 잘

견디었고, 그리스도인 된 도리를 저버리지 않는 모범된 교회였습니다. 바울은 이러한 데살로니가 교회가 주를 본받는 교회가 되었으며(살전 1:6), 모든 믿는 자의 본이 되었다고 했습니다(살전 1:7). 데살로니가 교회가 보인 모범으로는 그들의 “믿음의 역사”와 “사랑의 수고”, 그리고 “예수 그리스도에 대한 소망의 인내” 등이 있었습니다(살전 1:3). 바울은 이들의 신앙의 열매에 고무되어 항상 하나님께 감사한다고 말하고 있습니다(살전 1:2). 특별히 바울은 신앙의 열매를 그리스도인의 삶과 연관시키면서 믿음, 소망, 사랑 이 세 가지를 자주 언급하는데(살전 5:8; 롬 5:1–5; 고전 13:13 등), 이는 예수 그리스도에 대한 믿음에 근거해서 이웃과 형제를 사랑하며, 그리스도의 재림을 인내로 기다리는 그리스도인의 모범적 삶을 말해 주고 있습니다. 그러나 이것들은 비단 추상적 개념으로만 남아 있는 것이 아니라 역사(사역), 수고, 인내 등의 동적 행동을 통해서 구체적으로 보여 주어야 하는 실천 사항입니다. 가시화되지 않는 믿음, 사랑, 소망은 공허할 뿐입니다. 이처럼 그리스도인들은 때로는 무거운 짐을 지고 가는 사람들입니다. 그러나 데살로니가 교회는 이런 무거운 짐을 포기하지 않고 끝까지 지고 간 공동체로서 칭찬을 듣고 있는 것입니다(살전 3:2–8).

1. 데살로니가 교회의 모범된 신앙의 내용은 무엇입니까?

너희의 ( )와 ( )와 우리 주 예수 그리스도에 대한 ( )를 우리 하나님 아버지 앞에서 끊임없이 기억함이니

_살전 1:3

생각하는 이야기

우리는 종종 공허한 말뿐인 믿음, 사랑, 소망을 외칠 때가 있습니다. 사도 바울은 우리에게 믿음에 따르는 역사(구체적인 행위)와 사랑에 따르는 수고, 그리고 소망에 따르는 인내를 강조합니다(데살로니가 교회는 이런 점에서 합격점을 받은 공동체입니다). 우리는 입만 살아 있는 '말쟁이'(잠 16:28, 26:20)가 아니라, 구체적인 실천을 통해 행동하는 신앙인이 되어야 할 것입니다.

2. 바울은 데살로니가에서 복음을 전할 때, 단지 말로만 증거하지 않았음을 강조합니다. 그렇다면, 바울은 무엇으로 복음을 담대히 전하였습니까?

이는 우리 복음이 너희에게 말로만 이른 것이 아니라 또한 (　　　　)과 (　　　　)과 (　　　　　　　　)으로 된 것임이라 우리가 너희 가운데서 너희를 위하여 어떤 사람이 된 것은 너희가 아는 바와 같으니라 _살전 1:5

3. 데살로니가 교회는 많은 환난 가운데에도 성령이 주시는 기쁨으로 말씀을 받아들이고 누구를 본받아 믿는 자의 본이 되고 있습니까?

또 너희는 많은 환난 가운데서 성령의 기쁨으로 말씀을 받아 (　　　　)와 (　　)를 본받은 자가 되었으니 그러므로 너희가 마게도냐와 아가야에 있는 모든 믿는 자의 (　　)이 되었느니라 _살전 1:6-7

II. 구체적 소문의 내용 - 우상을 버리고 하나님께로 돌아온 일, 그리고 재림에 대한 소망

각처에 퍼진 데살로니가 교회에 대한 소문은 구체적으로 그들이 우상을 버리고 살아 계신 하나님께 돌아와 그분만을 섬기게 되었다는 것과 그리스도의 재림에 대한 강한 소망에 관한 것입니다.

여기서 우상을 버렸다는 것은 과거 그들을 지배하고 있던 거짓 신들과 헛된 것들을 버렸다는 의미입니다. 사도행전 14:15을 보면, 바울의 제1차 전도여행 중 루스드라에서 바울과 바나바의 이적을 보고 놀란 도성 사람들이 바울 일행을 살아 있는 신으로 여기려는 장면이 나옵니다. 이에 바울 일행은 그들의 행동을 제지하고, 참 신이신 천지와 만물의 창조자 하나님을 증거하면서 우상 숭배와 같은 헛된 일을 버릴 것을 권고합니다.

그리스도의 재림에 대한 소망은 데살로니가 교회에 있어서 매우 중요한 신앙 내용입니다. 그들은 바울의 가르침을 따라 그리스도의 재림을 손꼽아 기다렸던 종말론적 공동체였습니다. 박해와 환난 가운데에서도 견딜 수 있었던 것은 바로 재림에 대한 소망 때문이었습니다. 아울러 그리스도인이기 때문에 짊어져야 했던 무거운 짐도 이런 소망 때문에 기꺼이 지고 갈 수 있었던 것입니다. 이같이 "소망의 인내"(살전 1:3)는 데살로니가 교회의 특징이었습니다.

오늘 우리의 신앙도 재림을 기다리는 소망을 가지고 믿음으로 인내할 때, 어떠한 시련 가운데서도 흔들리지 않으며, 고난 속에서도 하나님을 의지하고 기쁨으로 우리 삶을 긍정적으로 변화시켜 갈 수 있는 것입니다.

복음이 우리 삶 속에 뿌리내리고 우상을 버리고 참되신 하나님께로 돌아올 때 그리고 소망과 인내로 주의 재림을 기다릴 때, 우리는 데살로니가 교회처럼 바울과 주를 본받는 자들이 되어 우리의 소문을 각처에 퍼뜨리고, 교회를 교회답게 하며, 하나님의 나라를 맛보면서 주님께 영광을 돌리게 될 것입니다.

1. 마게도냐와 아가야뿐만 아니라 각처에 퍼진 데살로니가 교회에 대한 소문의 구체적 내용은 무엇입니까(살전 1:9–10)?

생각하는 이야기

바울은 헛된 우상과 구별하기 위해 하나님을 표현하기를 "살아 계시고 참되신 하나님"(살전 1:9)이라고 말하고 있습니다. 성경은 우상 숭배를 헛된 일(행 14:15)로 규정하고 있습니다.
루터는 "하나님의 자리에 하나님 대신 있는 모든 것"이 우상이라고 말했습니다. 현대인들 중에는 물신(物神)을 섬기는 우상 숭배자들이 많습니다. 그렇다면, 우리는 어떻습니까?

2. 데살로니가 교회는 부활하신 하나님의 아들 예수님을 통하여 심판으로부터 구원받을 것을 소망하는 공동체였습니다. 데살로니가전서 1:10에서는 데살로니가 성도들의 흔들림 없는 재림 신앙에 대해서 어떻게 표현하고 있습니까?

또 죽은 자들 가운데서 다시 살리신 그의 아들이 하늘로부터 (   )하실 것을 너희가 어떻게 (   )를 말하니 이는 장래의 노하심에서 우리를 건지시는 (   )시니라 _살전 1:10

Ⅲ. 적용하기

1. 향나무는 자신을 찍는 도끼날에도 향을 묻힌다고 합니다. 우리는 무엇으로 우리의 존재 가치를 드러내고 있습니까? 우리에게 부족한 것이 무엇인지를 찾아보고 함께 나눠 봅시다.

2. 우리가 재림 신앙을 잃게 되면 주님의 부활과 장차 있을 우리의 부활, 즉 결국에는 하나님의 심판도 부인하게 됩니다. 그러므로 재림 신앙은 초대교회나 현대교회에 변하지 않는 신앙의 기초가 되어야 합니다. 재림을 준비하며 우리 각자가 해야 할 일은 무엇인지 적어 봅시다.

메 · 시 · 지

데살로니가 교회는 신약 성경에서 칭찬듣는 대표적인 교회였습니다. 그들은 바울과 주를 본받는 자들이 되었습니다. 그들이 칭찬받은 내용은 구체적으로 '믿음의 역사(행위)', '사랑의 수고', '우리 주 예수 그리스도에 대한 소망의 인내'였습니다. 생활 속에 드러난 그들의 신앙은 곧 바울 일행과 주를 본받는 삶으로 규정(살전 1:6)되는데, 바울은 이 같은 데살로니가 교회를 몹시 미쁘게 생각하여 자랑으로 여기고 있습니다. 아울러 이들의 '주를 본받는 삶'은 마게도냐와 아가야 등 여러 지역의 모든 믿는 자의 본이 되고 있습니다(살전 1:7). 각처에 퍼진 그들의 신앙의 소문을 구체적으로 살펴보면, 우상을 버리고 하나님께로 돌아온 일과 그리스도의 재림에 대한 소망이라고 할 수 있습니다. 이 같은 소문은 바울이 파송한 디모데의 긍정적인 보고와 더불어 들려오는 소식으로, 바울은 이것으로 자신의 선교적 노력이 마침내 결실을 맺고 있음을 느끼게 되었습니다. 비교적 짧은 기간(약 3주-행 17:2) 동안 선교한 것에 비해 그 결실이 놀라웠던 것을 본 바울은 이것이 성령의 역사임을 고백하며 주께 감사하고 있습니다(살전 1:2-5).

믿음, 사랑, 소망 → 불가시적(내면)

사역, 인내, 수고 → 가시적(외형)

이렇게 참된 그리스도인은 그의 믿음과 사랑과 소망이 가시적으로 드러나게 됩니다.

이것은 바울의 신앙의 원리요, 아울러 모든 그리스도인의 삶의 원리가 됩니다.

12과 칭찬듣는 교회
_ 서머나 교회와 빌라델비아 교회

■본문: 요한계시록 2:8-11, 3:7-13 ■요절: 요한계시록 3:12 ■찬송: 191, 384장

8서머나 교회의 사자에게 편지하라 처음이며 마지막이요 죽었다가 살아
나신 이가 이르시되 9내가 네 환난과 궁핍을 알거니와 실상은 네가 부요
한 자니라 자칭 유대인이라 하는 자들의 비방도 알거니와 실상은 유대인
이 아니요 사탄의 회당이라 10너는 장차 받을 고난을 두려워하지 말라 볼
지어다 마귀가 장차 너희 가운데에서 몇 사람을 옥에 던져 시험을 받게
하리니 너희가 십 일 동안 환난을 받으리라 네가 죽도록 충성하라 그리하
면 내가 생명의 관을 네게 주리라 11귀 있는 자는 성령이 교회들에게 하시
는 말씀을 들을지어다 이기는 자는 둘째 사망의 해를 받지 아니하리라

7빌라델비아 교회의 사자에게 편지하라 거룩하고 진실하사 다윗의 열쇠
를 가지신 이 곧 열면 닫을 사람이 없고 닫으면 열 사람이 없는 그가 이르
시되 8볼지어다 내가 네 앞에 열린 문을 두었으되 능히 닫을 사람이 없으
리라 내가 네 행위를 아노니 네가 작은 능력을 가지고서도 내 말을 지키
며 내 이름을 배반하지 아니하였도다 9보라 사탄의 회당 곧 자칭 유대인
이라 하나 그렇지 아니하고 거짓말 하는 자들 중에서 몇을 네게 주어 그
들로 와서 네 발 앞에 절하게 하고 내가 너를 사랑하는 줄을 알게 하리라
10네가 나의 인내의 말씀을 지켰은즉 내가 또한 너를 지켜 시험의 때를 면
하게 하리니 이는 장차 온 세상에 임하여 땅에 거하는 자들을 시험할 때
라 11내가 속히 오리니 네가 가진 것을 굳게 잡아 아무도 네 면류관을 빼
앗지 못하게 하라 **12이기는 자는 내 하나님 성전에 기둥이 되게 하리니 그**
가 결코 다시 나가지 아니하리라 내가 하나님의 이름과 하나님의 성 곧
하늘에서 내 하나님께로부터 내려오는 새 예루살렘의 이름과 나의 새 이

름을 그이 위에 기록하리라 13귀 있는 자는 성령이 교회들에게 하시는 말씀을 들을지어다

I. 궁핍했으나 실상은 부요한 교회 - 서머나 교회

서머나 교회는 빌라델비아 교회와 함께 요한계시록의 일곱 교회 중 오직 칭찬만 들은 교회입니다. 이 교회는 환난과 궁핍에 시달린 교회였습니다. 또 자칭 유대인이라고는 하나 이미 그 자격을 상실한 유대인들로부터 모욕적인 비방을 견디어야만 했습니다(계 2:9).

서머나 교회에는 표면적으로 어떠한 소망도 없어 보입니다. 환난과 궁핍, 유대인의 박해로 인한 시련과 고통, 감옥만이 그들을 기다리고 있습니다. 그러나 주님께서는 그들을 사랑하여 위로하고 계십니다. 그들은 궁핍하나 "부요한 자"로 인정받고 있습니다(계 2:9上).

가난한 서머나 교회는 사람들이 알지 못하는 방식으로 부요한 교회입니다. 진정한 행복과 부요의 창조자이신 주님께서 그들을 부요하다고 선언하고 계십니다. 9절의 '알거니와'라는 단어는 더욱 이들에게 큰 위안을 줍니다. 비록 그들이 환난과 궁핍에 처해 있지만 그들은 결코 홀로 버려진 존재가 아니라 하나님께서 지켜보고 계시며, 그들의 아픔을 주께서 친히 아신다는 것입니다. 이 한마디가 그들의 모든 눈물을 거두는 위력 있는 말씀이 되었습니다. 이 환난 속에서 서머나 교회는 두 가지 권면을 받습니다. 하나는 박해 상황 속에서도 "두려워하지 말라"(계 2:10上)는 말씀과 "죽도록 충성하라"(계 2:10下)는 말씀입니다. 서머나 교회는 결코 홀로 내던져 있는 교회가 아니라 주님과 함께하는 교회이므로 고난 가운데서도 두려움 없이 견딜 수 있으며 부활의 주, 승리의 주를 믿고 죽도

록 충성할 수 있는 교회입니다.

부활의 약속(생명의 면류관-계 2:10下)을 받고 있는 서머나 교회는 생명의 주님과 영원한 교제에 들어가 있는 교회입니다.

1. 서머나 교회가 안고 있는 고난의 내용은 구체적으로 무엇입니까?

내가 네 ( )을 알거니와 실상은 네가 ( ) 자니라 자칭 유대인 이라 하는 자들의 비방도 알거니와 실상은 유대인이 아니요 사탄의 회당이라_계 2:9

2. 서머나 교회가 주님으로부터 받은 두 가지 권면은 무엇입니까(계 2:10)?

①

②

생각하는 이야기

"죽도록 충성하라"(계 2:10)는 말씀을 묵상해 봅시다. 충성의 한계는 '죽도록'입니다. 생명을 버리는 자는 다시 찾을 것입니다. 우리에게 진정한 생명을 주신 주님께서 당신을 위해 생명을 버린 자들에게도 진정한 생명을 주실 것입니다. 이것을 믿는 것이 '전적인 믿음'(온전한 믿음)입니다.

3. 서머나 교회가 최종적으로 받은 약속은 무엇입니까(계 2:10-11)?

10절:

11절:

Ⅱ. 말씀을 지킨 교회 - 빌라델비아 교회

빌라델비아 교회는 말씀을 지킨 교회로 칭찬받고 있습니다. 요한계시록 3:8에 "작은 능력을 가지고서도 내 말을 지키며 내 이름을 배반하지 아니하였도다"라는 칭찬을 듣고 있는데, '작은 능력'이 상징하고 있듯이 빌라델비아 교회 역시 가난하고 힘없는 교회였습니다. 그러나 빌라델비아 교회는 신실한 교회로서, 오직 예수 그리스도만 의지하고 그분의 말씀만을 최고의 가치로 여겼습니다. 다른 사람들이 부와 권력 또는 다수(多數)의 힘을 앞세울 때, 이 교회는 오직 십자가에 못 박히신 예수 그리스도만을 알고 있었습니다. 이 교회는 결코 말씀을 그 어떤 것과도 바꾸지 않았습니다. 이 말씀 앞에서의 신실함이 주님을 기쁘시게 한 것입니다. 따라서 주님도 말씀을 신실하게 지킨 빌라델비아 교회를 당신께서 지켜 주겠다고 약속하십니다(계 3:10).

빌라델비아 교회는 이같이 교회의 본질인 말씀을 지킨 교회로서 주님으로부터 칭찬받고 있으며 다음 세 가지 보상을 약속받았습니다.

첫째, 열린 문을 두시겠다는 것입니다. 이는 너희를 향한 하나님 나라의 문을 여시겠다는 말씀입니다(계 3:8). 이보다 더 큰 복이 어디 있습니까?

둘째, 대적을 회심시킬 능력입니다. 참 이스라엘의 자격을 상실한 유대인 중에 몇을 돌아오게 함으로써, 주께서 그들을 사랑하고 계심을 알게 하시겠다는 것입니다(계 3:9).

셋째, 이 교회를 지켜 주시겠다는 것입니다(계 3:10). 시련의 때, 환난의 때에 주님께서는 반드시 빌라델비아 교회를 지켜 주겠다고 약속하십니다. 빌라델비아 교회는 이 약속을 굳게 믿고 면류관을 빼앗기지 않도록 노력해야 합니다(계 3:11). 속히 오실 주님께서 이 모든 약속을 분명히 해 주시고 계십니다.

넷째, 빌라델비아 교회가 마지막까지 결코 믿음을 잃지 않고 말씀을 굳게 지킬 때에 **하나님 성전의 기둥이 되게 하시겠다**는 약속을 하십니다(계 3:12).

그리고 '이기는 자'에게 세 가지의 새로운 이름을 기록하겠다고 하십니다. 그것은 거룩하신 '하나님의 이름'과 새 창조의 은총을 베푸실 '새 예루살렘의 이름', 그리고 부활의 주님이신 예수 그리스도의 '새 이름'(나의 새 이름)입니다. 이것은 빌라델비아 교회가 주의 이름을 배반치 않았기 때문에 주께서 빌라델비아 교회에게 당신의 이름을 상급으로 주신 것입니다.

1. 빌라델비아 교회에 계시하신 하나님은 어떤 분이십니까?

… (   ) 곧 열면 닫을 사람이 없고 닫으면 열 사람이 없는 그가 이르시되 _계 3:7

생각하는 이야기

말씀을 지킨 빌라델비아 교회에 계시하시는 하나님의 칭호는 요한계시록 3:7에 "거룩하고 진실하사 다윗의 열쇠를 가지신 이"라고 표현하고 있습니다. 여기서 '거룩'과 '진실'과 '열쇠'는 모두 말씀의 관련 속에서 해석할 수 있는 단어이므로, 말씀 앞에 신실한 빌라델비아 교회를 축복하시는 하나님의 칭호로 가장 적당한 표현인 것입니다.

2. 빌라델비아 교회가 칭찬듣는 교회가 된 것은 무엇 때문입니까?

… 네가 작은 ( )을 가지고서도 ( )을 지키며 ( )을 배반하지 아니하였도다 _계 3:8

네가 나의 ( )을 지켰은즉 내가 또한 너를 지켜 … _계 3:10

3. 빌라델비아 교회가 상급으로 받은 것은 무엇입니까(계 3:8-10)?

①

②

③

④

4. '이기는 자'에게 주실 최후의 선물은 무엇입니까?

이기는 자는 내 하나님 성전에 ( )이 되게 하리니 … 내가 하나님의 이름과 하나님의 성 곧 하늘에서 내 하나님께로부터 내려오는 새 예루살렘의 이름과 ( )을 그이 위에 기록하리라 _계 3:12

III. 적용하기

1. 주님께서는 서머나 교회를 가리켜 "실상은 네가 부요한 자니라"(계 2:9)고 말씀하셨습니다. 산상수훈의 팔복의 말씀과 고린도후서 6:8-10을 비교해 볼

때, 진정한 부는 무엇이라고 생각합니까?

2. 여러분은 거룩하고 진실하신 하나님 나라의 열쇠인 말씀 앞에 얼마나 진지하게 서 있습니까?

메 · 시 · 지

요한계시록에 기록된 일곱 교회 중 칭찬받은 교회는 서머나 교회와 빌라델비아 교회뿐이었습니다. 서머나 교회는 환난과 궁핍과 유대인들의 훼방에 시달렸으나 결국에는 '부요한 자'라는 칭찬을 듣습니다. 진정한 부의 주인이신 주님께로부터 받은 선언입니다.

세상에는 표면적으로는 부요하나 실상은 가난한 자가 있으며, 반대로 겉으로는 가난하나 실상은 부요한 자가 있습니다. 모름지기 주님을 따르는 교회와 성도들은 주님으로부터 인정받는 진정한 '부요를 누리는 자'가 되어야 하겠습니다. 산상수훈의 팔복에는 '마음이 가난한 자'(Poor in Spirit)가 복이 있다고 말씀합니다. 주님 없이는 살 수 없다고 고백하는 가난한 마음, 곧 전적으로 주님만을 의지하는 마음을 지닐 때에 우리는 실상 부요한 자로 드러날 것입니다(고후 6:8–10 참조). 또한 주님께서는 주의 이름으로 받는 모든 고통과 시련을 알고 계십니다. 결국 우리는 홀로 고아와 같이 버려진 존재가 아니라 눈동자와 같이 우리를 지키시는 주님과 항상 함께 있음을 깨달아야 합니다.

빌라델비아 교회가 칭찬받은 것은 그 교회가 신실하게 말씀을 지키는 교회였기 때문입니다. 이것은 교회의 본질에 해당하는 것으로, 모든 교회와 성도들은 환난을 두려워 말고 죽도록 충성하며 말씀을 지키고 주를 따라야만 합니다. 그러므로 하나님 성전의 기둥이 되어 하나님과 새 예루살렘과 예수 그리스도의 새 이름을 부여받는 '이기는 자'들이 되어야 하겠습니다.

프리셉트 어린이 신앙전기 도서

프리셉트 어린이 신앙전기 ❶

파란 눈의 중국인 선교사 **허드슨 테일러**

중국인들의 친구가 된 허드슨 선교사의 이야기. 그는 어려움에 닥칠 때마다 하나님을 의지하며 기도의 힘으로 이겨 냈다.

■ 캐서린 맥켄지 지음

프리셉트 어린이 신앙전기 ❷

고아들의 영웅 **조지 뮬러**

고아들을 돌보며 영혼을 구원하는 일에 전념했던 조지 목사. 그가 행한 섬김의 삶이 얼마나 복된 것인지 볼 수 있다.

■ 아이린 호왓 지음

프리셉트 어린이 신앙전기 ❸

고통 속에서 희망을 노래하는 **코리 텐 붐**

나치가 지배하던 세상은 증오심으로 미쳐가고 있었다. 그 속에서 코리는 말씀을 통해 희망을 노래할 수 있었다.

■ 체스티 호프 바에즈 지음

프리셉트 어린이 신앙전기 ❹

달리기 챔피언 선교사 **에릭 리들**

에릭은 주일에 달릴 수 없다는 이유로 경기를 포기했다. 대신 그는 하나님의 인도하심으로 크나큰 영광을 받게 된다.

■ 존 케디 지음

프리셉트 어린이 신앙전기 ❺

꿈과 열정의 전도자 **빌 브라이트**

평생 뜨거운 전도의 열정을 품고 세계를 누빈 빌 브라이트. 그의 삶은 실천하는 참된 신앙인이란 무엇인지 보여 준다.

■ 킴 트위첼 지음

프리셉트 어린이 신앙전기 ❻

살아 있는 순교자 **리처드 범브란트**

리처드는 핍박을 당하는 상황에서도 모든 사람을 하나님의 사랑으로 용서했다. 또한 믿음을 지키며 그들을 위해 기도했다.

■ 캐서린 맥켄지 지음

프리셉트 어린이 신앙전기 ❼

종교 개혁의 횃불을 든 **마틴 루터**

루터의 용기 있는 신앙이 타락한 교회를 주님만을 바라보는 교회로 변화시켰고, 성경이 말하는 진리를 깨닫게 했다.

■ 캐서린 맥켄지 지음

프리셉트 어린이 신앙전기 ❽

열정의 복음 전도자 **디엘 무디**

하나님은 열정으로 가득한 무디를 통해 사람들에게 말씀을 전하셨으며, 오랫동안 방황하던 영혼들을 새롭게 변화시키셨다.

■ 낸시 드러먼드 지음

프리셉트 어린이 신앙전기 ⑨

버마를 구한 하나님의 사람 아도니람 저드슨

최초의 미국인 선교사 아도니람 저드슨. 하나님은 그의 재능을 사용하셔서 많은 버마인을 주님의 품으로 인도하셨다.

■ 아이린 호왓 지음

프리셉트 어린이 신앙전기 ⑩

어둠을 밝힌 위대한 종교 개혁가 존 칼빈

종교 개혁의 기틀을 마련한 신학자 존 칼빈. 그는 세상을 향해 빛을 비추는 진정한 믿음의 삶이란 무엇인지 알게 해준다.

■ 캐서린 맥켄지 지음

프리셉트 어린이 신앙전기 ⑪

천로역정을 저술한 믿음의 순례자 존 번연

회심 후 강한 믿음을 가진 존 번연은 평생 설교에 매진했으며, 그가 집필한 『천로역정』은 지금까지 사랑을 받고 있다.

■ 브라이언 코즈비 지음

프리셉트 어린이 신앙전기 ⑫

나치에 저항한 행동하는 양심 디트리히 본회퍼

주님은 본회퍼에게 믿음을 위해 저항할 용기를 주셨다. 그는 하나님께서 주시는 힘으로 나치 정권에 끝까지 맞섰다.

■ 데이스프링 매클라우드 지음

프리셉트 어린이 신앙전기 ⑬

부흥의 불꽃을 일으킨 천재 신학자 조나단 에드워즈

조나단은 모든 순간 하나님의 영광을 선포하고자 했다. 그는 결국 주님의 도우심으로 실천하는 신앙인이 될 수 있었다.

■ 크리스티안 티모시 조지 지음

프리셉트 어린이 신앙전기 ⑭

위대한 복음의 밀수꾼 브라더 앤드류

철의 장막을 뚫고 성경책을 몰래 배달한다는 사역은 쉽지 않았다. 그러나 복음을 전하기 위해서는 포기할 수 없는 일이었다.

■ 낸시 드러먼드 지음

프리셉트 어린이 신앙전기 ⑮

노예상인 출신 복음 전도자 존 뉴턴

노예무역선 선장이었던 존 뉴턴은 하나님의 은혜를 깨닫고 자기 모습을 반성했다. 이후 그는 목회자가 되어 노예제 폐지에 힘썼다.

■ 아이린 호왓 지음

프리셉트 어린이 신앙전기 ⑯

노예제 폐지를 이끈 영국의 양심 윌리엄 윌버포스

영국 하원의원인 윌리엄 윌버포스는 신앙에 변화를 겪은 후 노예무역 폐지를 위해 헌신했으며, 전 세계 노예제 폐지에 큰 영향을 미쳤다.

■ 데릭 빙엄 지음

프리셉트 어린이 신앙전기 ⑰

발명왕 땅콩박사 조지 카버

흑인 과학자 조지 카버는 하나님께서 주신 지혜로 가난한 흑인들을 돕고자 땅콩과 농작물을 연구했으며, 믿음으로 하나님의 창조 세계를 회복해 나갔다.

■ 박효숙 지음

새가족 성경공부 교재

복음에 감격하는 새가족 성경공부

처음 교회에 등록한 분들이 초신자이든 기신자이든 예수님을 만나서 변화된 삶의 축복을 누리도록 돕는 교재다. 이런 의미에서 초신자와 기신자를 함께 아우르는 통합반 교재라고 할 수 있다(인도자용 별도).

■ 김경섭 지음

초신자를 위한 새가족 성경공부

처음 교회에 출석하는 초신자들에게 삼위일체 하나님과 구원 그리고 구체적인 신앙생활을 안내하는 교재다. 비교적 쉽고 단순하게 만들었기에, 견고한 신앙의 기초를 다지게 할 것이다.

■ 김경섭 지음

기신자를 위한 새가족 성경공부

교회에 등록하는 성도 중 상당수는 이미 예수님을 믿고 교회생활을 해 온 분들이다. 그분들이 처음 교회에 등록했을 때 신앙의 기초를 확인하고 좀 더 깊이 신앙생활을 할 수 있도록 안내하는 성경공부 교재다.

■ 김경섭 지음

새가족 나눔 교재

오늘날 성도 중에는 '성경공부'라는 단어에 거부감을 가지는 사람들도 있다. 이 교재는 공부하는 도구라기 보다는 함께 교제를 나눈 후에 같이 읽어 가는 나눔식 새가족 안내 자료다.

■ 김경섭 지음

단계별 성경공부 교재

❶ 프리셉트 맨투맨 제자 양육(10과)

예수님의 제자로 살고자 할 때 가장 기초가 되는 10가지 사항을 하나님의 말씀으로 적용하도록 안내하는 교재다(1시간 예습, 교사용 별도).

■ 프리셉트성경연구원 편

❷ 프리셉트 신앙성장 학교 I(10과)

신앙생활을 시작한 성도가 예수님의 사랑으로 신앙심이 자라갈 때 점검해야 할 사항들을 주제별로 엮은 교재다(1시간 예습).

■ 김경섭 지음

❸ 경건에 이르는 연습(8과)

교회에서 큐티 훈련을 할 수 있도록 구성된 책이다. 날마다 성경 본문으로 경건의 시간을 갖도록 훈련한다.

■ 오대희 지음

❹ 프리셉트 큐티 학교(6과)

하나님의 말씀을 매일 묵상할 수 있도록 도와주는 묵상지인『묵상하는사람들 QT』를 효과적으로 사용할 수 있게 안내하는 교재다.

■ 김경섭 지음

❺ 프리셉트 제자도(21과)

약 22주의 과정 동안 '마음의 세계, 행실, 이웃관계와 공동체, 하나님과의 관계' 등에 대해 본격적으로 훈련하는 내용을 담고 있다(90분 예습).

■ 김경섭 지음

❻ 성막(7과)

예수님의 삶과 사역을 예표하는 하나님의 특별 교육 도구요 임재의 처소였던 구약 시대의 성막을 통해, 예수님을 깊이 체득하는 시간을 갖는다(90분 예습, 인도자용 별도).

■ 김경섭 지음

❼ 성도의 확신 I, II(각각 6과)

이 교재는 제자로서 하나님의 마음을 알고 성도의 7대 확신(사죄, 구원, 임재, 동행, 기도 응답, 승리, 상급)을 확립할 수 있게 돕는다(5시간 예습).

■ 김경섭 지음

❽ 성도의 사역(12과)

한 성도가 지역 교회의 평신도 지도자로서 확립해야 할 내용을 숙지하고 성숙한 제자로 자라 가는 데 있어서 결정적으로 도움을 주는 필수코스다(5시간 예습).

■ 김경섭 지음

❾ 성도의 세계관(10과)

이 교재는 무신론적 세계관(예: 진화론, 유물론, 공산주의, 주체사상 등)에 의해 가치관의 혼돈을 겪는 성도들에게 성경 말씀에 근거해 기독교적 세계관을 확립하도록 도와주는 교재다.

■ 김경섭 편저

G.B.S. 하나님 마음에 합한 시리즈 ❷

하나님 마음에 합한 교회

저자 | 프리셉트성경연구원 편

초판 1쇄 | 2001년 12월 28일
개정 1판 1쇄 | 2004년 3월 30일
개정 2판 1쇄 | 2008년 10월 1일
개정 3판 1쇄 | 2012년 1월 27일
개정 4판 1쇄 | 2014년 3월 7일
개정 5판 1쇄 | 2025년 8월 15일

발행인 | 김경섭
국제총무 | 최복순
총무이사 | 김현욱
편집부 | 고유영(편집실장), 김성경, 김지혜
인쇄 | 영진문원

발행처 | 프리셉트선교회
등록번호 | 108-82-61175
일부총판 | 생명의말씀사 Tel. (02) 3159-7979 Fax. 080-022-8585

주소 | 서울특별시 서초구 청룡마을길 8-1(신원동) (우) 06802
전화 | (02) 588-2218 팩스 | (02) 588-2268
홈페이지 | www.precept.or.kr
국민은행 431401-04-058116(프리셉트선교회)

값 5,000원
ISBN 978-89-8475-851-3 04230
978-89-8475-850-6 04230(세트)

독자 여러분의 의견을 기다립니다.
(02) 588-2218 / pmbook77@naver.com